華商基業 SINOTRAC | International Society for Performance Improvement

国际绩效改进协会（ISPI）中国战略合作伙伴

华商基业版权课程配套用书

绩效改进

高质量增长的加速器

易虹　张雪瓴　熊洁　编著

中信出版集团 | 北京

图书在版编目（CIP）数据

绩效改进：高质量增长的加速器 / 易虹，张雪钰，熊洁编著 . -- 北京：中信出版社，2019.12
（华商基业版权课程配套用书）
ISBN 978-7-5217-1209-4

Ⅰ . ①绩… Ⅱ . ①易… ②张… ③熊… Ⅲ . ①企业绩效－企业管理 Ⅳ . ① F272.5

中国版本图书馆 CIP 数据核字 (2019) 第 249764 号

绩效改进——高质量增长的加速器
（华商基业版权课程配套用书）

编　　著：易　虹　张雪钰　熊　洁
出版发行：中信出版集团股份有限公司
（北京市朝阳区惠新东街甲 4 号富盛大厦 2 座　邮编　100029）
承 印 者：北京通州皇家印刷厂

开　　本：787mm×1092mm　1/16　　印　　张：7　　字　　数：65 千字
版　　次：2019 年 12 月第 1 版　　印　　次：2019 年 12 月第 1 次印刷
广告经营许可证：京朝工商广字第 8087 号
书　　号：ISBN 978-7-5217-1209-4
定　　价：28.00 元

前　言

绩效改进概念

绩效改进（performance improvement，缩写为 PI）是运用系统化的方法和工具，改变固有的工作行为模式，使其产生的结果更趋向与组织的发展愿景及目标一致，并使得其投入产出比最大化，从而帮助组织、业务和个人提升绩效。

绩效改进专业组织

国际绩效改进协会（International Society for Performance Improvement，缩写为 ISPI）1962 年成立于美国，是全球在绩效改进领域内唯一的专业组织，是人类绩效技术［Human Performance Technology，缩写为 HPT，又称为绩效技术（PT）］的发布者。该组织在世界各地的 40 多个国家和地区拥有超过 12 000 名会员，为全球众多企业（包括世界 500 强中超过三分之二以上的企业）的绩效提升和组织发展提供了可靠的服务，其提出和认证的国际 CPT（Certified Performance Technologist，注册绩效改进顾问）已经成为美国咨询界的行业标准。

关于“绩效改进”课程

课程概述

绩效改进就是运用系统的工具和方法，让管理变简单，在不增加资源的情况下，为你带来令人惊喜的业务结果和流程效率提升。这种源于美国并且被国际绩效改进协会通用于全球的标准、模型和方法，已经针对中国的企业完全内化。华商基业据此设计并讲授的“绩效改进”课程有着深厚的历史基础和成功的实践案例（见图 0–1）。

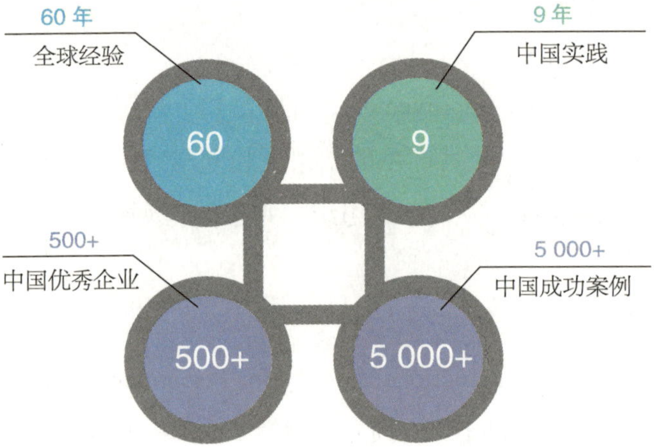

图 0–1 “绩效改进”实践概况

课程收益

绩效改进课程能够推动业务管理者和培训（人力资源从业者）管理者学习绩效技术，发现实际工作中的绩效提升机会，实施提升方案，实现业绩突破。在企业内部推广绩效改进技术的方法和工具，能够最大程度地实现绩效提升。通过这门课程，我们还希望为公司培养绩效改进顾问，持续推广绩效技术，改进组织绩效。为此，华商基业打造了一套行之有效的绩效改进罗盘（见图 0–2）。

关键成果

我们希望学员们通过这门课程的学习，能够独立撰写技控案例，找到所在组织关键的绩效改善点，并能全流程体验绩效改进项目过程（见图 0–3）。

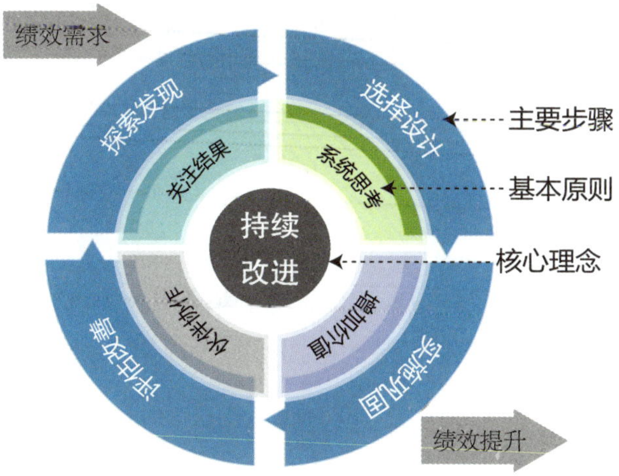

图 0-2　华商基业绩效改进罗盘

图 0-3　课程关键成果

课程目标

- **贴近业务**　服务于业务的真实需求。你可以带着实际业务中遇到的困难和问题来学习，通过学习绩效改进的理念、工具和方法找到问题点或机会点，形成对症的解决方案。
- **注重赋能**　绩效改进是每个管理者都必须具备的能力。课程将通过绩效的定义为你拓宽解决问题的思路，并用生活中的例子帮你掌握绩效改进的精髓。同时，通过经典案例，课程将帮助你深刻理解撬动绩效结果的关键杠杆点——绩效改进合力矩阵。

- **强调应用** 学习是为了应用。课程为你准备了在企业推动绩效改进的方法，从而助力企业取得预期的成果。

课程内容

第一章 绩效改进启航

换个视角看绩效，我们会脑洞大开！绩效不是 KPI（关键绩效指标），不是目标，也不是评分，而是在不增加资源代价的前提下提升成果。绩效改进要找到撬动结果的关键杠杆点。

- 向上要资源，向下分指标，要你干啥？——绩效定义。
- 从名校提分*看业绩提升——什么是绩效改进。
- 先技控，再人控——BEM（Behavioral Engineering Model，行为工程模型）。
- 择善而行——绩效改进课题选题方向。

第二章 探索差距

工作中的课题往往从明确目标开始。我们不仅要明确具体目标，还要澄清该课题在整个组织目标中的位置。然后再运用关键价值链还原现状，找到课题的核心痛点。

通过三个步骤和四个工具，我们可以帮助你探索你的组织在绩效方面的差距。三个步骤分别为设定目标、梳理现状和探索差距；而四个工具则分别为三层级目标、关键价值链、差距三级跳和差距整理表。

第三章 原因分析

找到真正的原因是解决问题的前提，找到自己能解决的原因才是真谛。为此，我们提倡运用 BEM 模型并提供了原因转化的方法，从而为后期干预方案的设计奠定基础。

发现原因要通过五个步骤并借助两个工具：五个步骤包括头脑风暴、原因转换、

---

* “名校提分”是华商基业绩效改进课中讲的一个案例，此处不详述具体内容。

分层扩展、查缺补漏和排除无关，两个工具则包括原因切换器和 BEM 原因分析。

第四章 选择措施

这一章将用精彩的案例引导你发现实际工作中已有方法的亮点，提炼可以复制推广的成功经验并且用矩阵筛选出最符合企业实际情况的措施。

选择措施通过两个步骤进行，分别是对照已知——从原因到干预措施和六大类干预措施规划步骤。

第五章 设计方案

绩效改进的实施过程会涉及或大或小的组织变革，可用的关键方法有哪些呢?为此，我们要明确受众，制定关键人群策略，找到先导指标。

设计方案应用四个工具完成，分别是确定目标受众、判断关键群体、制定先导指标和制定干预措施计划表。

尾声 绩效改进“三级跳”

在本课程的尾声部分，我们提出了绩效改进的“三级跳”计划。

目　录

第一章

绩效改进启航

第一节　什么是绩效改进

一、绩效的定义

管理学大师彼得·德鲁克认为：所有的组织都必须思考“绩效”是什么。这在以前简单明确，现在却不一定了。市场的变化越来越需要为绩效赋予新的含义，也需要新的办法来提升绩效。

1.“绩效”的三种定义

如果你在搜索引擎中搜“绩效”一词，大致可以找到以下三种类型的定义。

- **绩效结果说**　伯纳丁（Bernardino，1994）等学者认为：“个体绩效是在特定时间范围内，特定工作职能、活动或行为产生的结果记录。”凯恩（Kane）指出，绩效是“一个人留下的东西，这种东西与目的相对独立存在”。从这些定义不难看出，“绩效结果说”的观点认为绩效是工作所达到的结果，是一个人的工作成绩的记录。
- **绩效行为说**　墨菲（Murphy，1990）如此定义“绩效”：“绩效是与一个人工作的组织或组织单元的目标有关的一组行为。”坎贝尔（Campbell，1990）指出：“绩效是行为，应该与结果区分开，因为结果会受系统因素的影响。”他在 1993 年对绩效做了这样的定义：“绩效是行为的同义词，它是人们实际的行为表现，而且是能通过观察得到的。就其定义而言，绩效只包括与组织目标有关的并在个体控制下能按其贡献度来测量的行为或活动。它不是行为的后果或结果，而是行为本身……不论这些行为是认知的、生理的、心智活动的，还是人际的。”博尔曼和摩托维德罗（Borman & Motowidlo，1993）则提出了绩效的二维模型，认为行为绩效包括任务绩效和关系绩效两个方面。其中任务绩效不仅与具体的工作内容密切联系，同时也与个体的能力、完成任务的熟练程度和工作知识密切相关；关系绩效则是指自发的行为或与非特定的工作熟练程度有关的行为。
- **绩效综合说**　迈克尔·阿姆斯特朗（Michael Armstrong）指出，绩效反映在行为、方式和结果三个方面。

在这三种定义类型之外，“绩效改进之父”托马斯·F. 吉尔伯特（Thomas F. Gilbert）在其代表作《人的能力》（*Human Competence: Engineering Worthy Performance*）中如此定义绩效：

$$\text{绩效} = \frac{\text{有价值的成效（worthy accomplishment）}}{\text{行为代价（costly behavior）}}$$

2. 理解要点

- **“绩效”与行为紧密相连** 没有一定的行为，不会产生绩效。然而，并非所有的行为都能产生绩效，只有那些与组织目标密切关联且有助于组织达到目标的行为才能被视为绩效的一部分。
- **“绩效”与组织目标密切相关** 评价绩效的关键在于衡量其是否达到组织的目标，是否有助于组织获得有价值的成就。
- **“绩效”带有经济学的色彩** 绩效具有可测量性，将测量的结果与获得该结果所需付出的成本进行对比是评价绩效的基本方法。
- **“绩效”包含三个层面** 组织是在一定结构下由不同的人承担不同的职责形成的责任系统。为了达到组织整体的绩效，个人、部门（流程）和组织三个层面都需要获得绩效。

请写下你对绩效定义的思考：

减少行为代价，对于管理者来说是非常好的思路，它让我们看到一件事情的解决还有更多可能性。这就要求管理者想办法帮助员工更高效地工作，从管理端去深入地想办法，让员工端或执行端浅出地去做，这种“深入浅出”的方法可能比起只给员工一个目标更加高效（见图 1-1）。

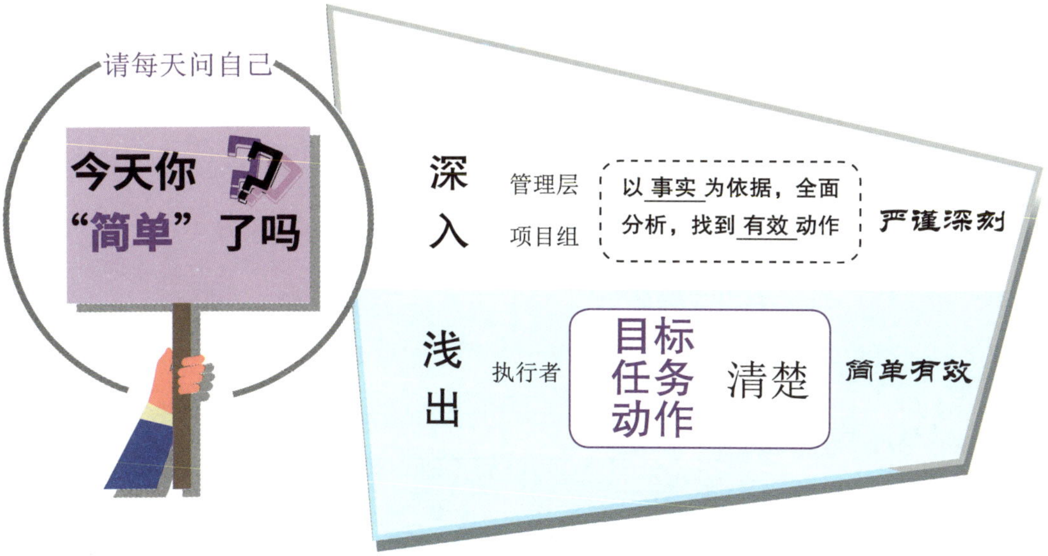

图 1-1　深入与浅出

请写下你或你的下属目前的工作中两个可以更“简单”的方面：

二、效率–效果矩阵

什么是二维矩阵？二维矩阵（2×2 矩阵）是一种图形化的思考方法，是从两个相对重要的维度看待事物，按每个维度相反的方向进行分类，最后产生四个符合 MECE（mutually exclusive collectively exhaustive，即相互独立，完全穷尽）原则的区间，让你的思考变得更加清晰和简单。

在图 1–2 所示的效率–效果矩阵中，横坐标从左向右代表“做错”到“做对”，纵坐标从下至上表示的是“选错”到“选对”。

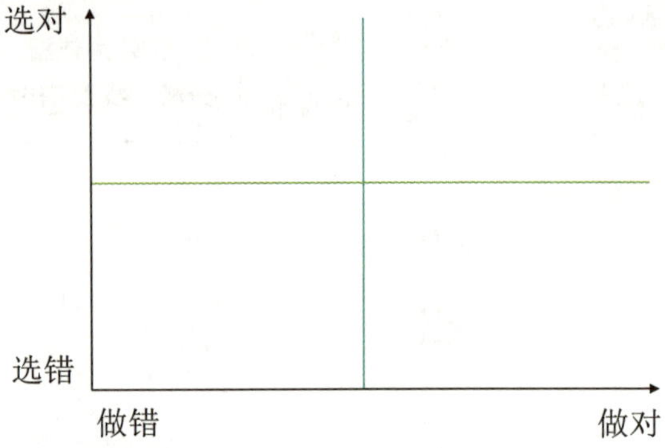

图 1–2　效率–效果矩阵

如果问大家，哪个象限产生的结果最好，毫无疑问，答案是“选对”且“做对”所在的右上象限；但若问哪个象限产生的结果最差，则不同的人有不同的见解。总之，无论哪种情况，都需要通过调整“绩效”的分子或分母，逐步走向“选对”且“做对”的最优结果。

请写下你的思考：

三、绩效改进定义

绩效改进又称绩效技术（HPT）。对“绩效改进”一词，业内众多专家、学者及实践先行者都给出了各自的说法。在这里，我们主要梳理了如下专家或机构给出的比较有代表性的定义。

- **约瑟夫·H. 哈里斯（Joseph H. Harless）** 绩效改进是一种对方案进行选择、分析、设计、开发、实施和评价的过程，它的目的在于以最经济的成本效益影响人类的行为与成就。
- **哈罗德·D. 斯托洛维奇和埃里卡·J. 基普斯（Harold D. Stolovich & Erica. J. Keeps）** 绩效改进是一种实现人类期望成就的工程学方法，它在分析绩效差距的基础上设计最有效且成本效益比最佳的问题解决方案和策略。
- **吉姆·富勒和珍妮·法林顿（Jim Fuller & Jeanne Farrington）** 绩效改进是一种系统化与整体化的方法，它能识别阻碍人们达到最佳绩效的障碍，并创设有效的解决方案以便消除这些障碍，从而帮助人们改进绩效并最大限度地发掘潜力。
- **人才发展协会（ATD）** 绩效改进是一个系统化的过程，借此能发现和分析重大绩效差距，制订绩效改进计划，设计和开发出能缩小（或消除）差距、符合成本效益比且遵循伦理道德规范的问题解决方案和实施方案，以及对方案的经济性与非经济性效果进行评价。
- **张祖忻** 绩效改进是运用分析、设计、开发、实施和评价的系统方法来提高个人及组织机构的工作业绩的研究领域。
- **梁林梅** 绩效改进是一种整体性和系统化的问题解决工具、手段、程序与方法。它以组织的总体目标为导向，在分析绩效差距的基础上，制订最佳成本效益比的综合性问题解决方案，以此指导和推动组织的变革与发展，并对变革的结果进行评价，从而最大限度地改进个体、团队和组织的绩效。

虽然对绩效改进的定义众说纷纭、百家争鸣，但是作为一个研究如何改进组织和个人业绩的专业领域，绩效改进至今已有了60余年的发展历程，所以该领域能走到今天这样一个系统的、科学的、成熟的状态，必然有着自己的内在逻辑和本质特征。

绩效改进是一套系统的“世界观”和“方法论”。当我们面对组织的发展愿景和目标时，它能帮助我们有系统、有方法、有结果地提升个人与组织的绩效。通过探索改进机会，发现差距原因，选择干预措施，设计解决方案和实施方案，巩固实施过程，评估流程结果及改善关键链条等步骤，绩效改进能有效而经济地使结果更接近于组织目标。

简单地说，绩效改进就是基于企业的业务结果和流程效率，找到问题点或机会点，然后用系统的工具引导管理层找到对症的解决方案，在不增加资源耗费的情况下，降低管理者和员工的行为代价，让管理变得简单，从而提升业务结果和流程效率。让员工做对的事情，把事情做对做好，让管理变得简单有效，是绩效改进最核心的思想。

绩效改进就是运用简单有效的工具和方法，改变固有行为模式，达成组织目标（见图 1–3）。

绩 效 改 进

三个关键词：________ ________ ________

图 1–3 绩效改进关键词

管理者必须是绩效改进师。

第二节 绩效改进合力矩阵

一、"绩效改进之父"托马斯 · F. 吉尔伯特

提到绩效改进，就必须提到"绩效改进之父"托马斯 · F. 吉尔伯特。吉尔伯特是绩效技术领域早期集大成者和"绩效技术之父"，曾是心理学家、新行为主义学习理论创始人斯金纳（B. F. Skinner）的研究生，在哈佛大学行为学习实验室工作了12年，在之后的学习实践中逐渐完成了从心理学家到教学设计专家再到绩效工程专家的转变。吉尔伯特取得的主要成就和荣誉包括：

- 1991 年和斯金纳先生同获国际绩效改进协会颁发的第一届"杰出专业人员成就奖"。
- 1996 年国际绩效改进协会为了纪念吉尔伯特的卓越贡献，将"杰出专业人员成就奖"更名为"托马斯 · F. 吉尔伯特杰出专业人员成就奖"。
- 20 世纪 60 年代参与推动了 NSPI（全美绩效与教学协会，即国际绩效改进协会的前身）的建立。
- 1978 年出版著作《人的能力》（见图 1–4），影响极大。在该书中，他公开与行为主义决裂，提出了 BEM，该模型是今天许多绩效模型的源头和基础。
- 1990 年与罗杰 · 考夫曼（Roger Kaufman）等人一起提出了 HPT 模型（人类绩效技术模型）。

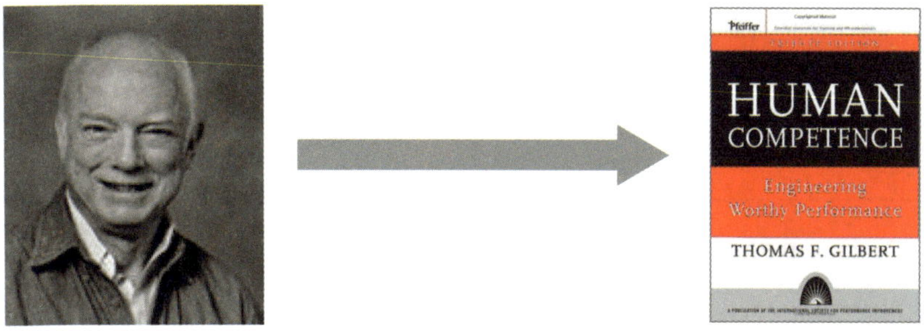

图 1–4 托马斯 · F. 吉尔伯特及其代表作

管理的使命是什么？
教会人们使用正确的方法来提升工作业绩。

二、BEM

吉尔伯特在《人的能力》中提出的 BEM 成为如今许多绩效改进模型的基础，也为绩效改进奠定了重要的理论基础。根据吉尔伯特的观点，影响绩效的因素分为两类，一类是环境因素，一类是个体因素，每一类又划分为 3 层（见图 1-5）。

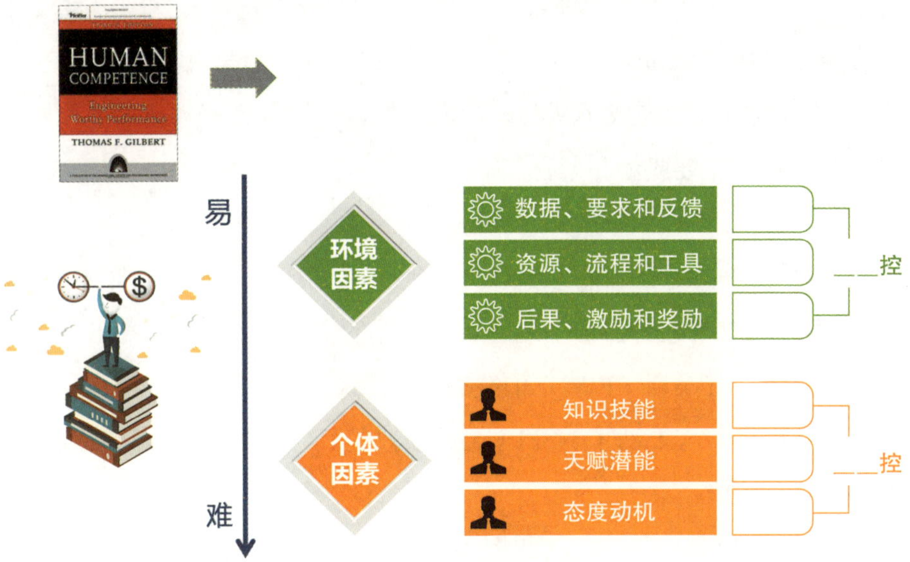

图 1-5　吉尔伯特 BEM

简单 = ______________________________

请写下学习 BEM 后的心得：

三、基于 BEM 的合力矩阵

如图 1-6 所示，有两个方面的因素会导致绩效现状不佳：一个是员工个体因素，我们可以简单认为人员能力低；另一个是环境因素，我们也可以简单看作方法老旧。面对这两种情况，自然有两种应对方式：提升能力和改进方法。因为任何一个绩效差距的产生都不会是单方面的，想要达成绩效，只在某一方面着力是不够的，所以我们要形成合力，即既要改进方法，又要提升能力。如何让这两者形成合力？答案是“先技控，再人控”，这样既简单，又有效。

图 1-6　绩效改进合力矩阵

给我一个支点，我可以撬动整个地球。

——阿基米德

请写下你的技控案例：

如果让一名优秀员工和一个糟糕的工作环境（制度）相抗衡，多数情况下环境恐怕会成为最后的赢家。

——吉尔里·A. 拉姆勒（Geary A. Rummler）

第三节　绩效改进课题方向

一、绩效改进的课题类型

绩效改进的课题大致可分为两个类型：业务 ________ 和流程 ________。

我们不妨先做练习，判断下列课题的类型。

- 如何在一年内完成净增 60 000 个大众客户的任务？

  □业务结果　□流程效率

- 如何实现基础岗位平均招聘周期从现在的平均 1.5 个月降为 1 个月？

  □业务结果　□流程效率

- 在第三季度将金服团队全单纠错业务差错率从 5‰ 降至 3‰。

  □业务结果　□流程效率

- 在国庆游客峰值期间提高木质过山车及弹射过山车 10% 的运载率。

  □业务结果　□流程效率

- 如何将电脑联络员工单转派率从 50% 降到 30%？

  □业务结果　□流程效率

- 在确保质量的前提下将有效配套生产周期缩短 30%。

  □业务结果　□流程效率

二、绩效改进课题选题标准

在进行绩效改进课题选题时，我们会用一个工具：绩效改进课题选题评价表。

如何判断绩效改进课题选题是否合适，我们需要从五个维度进行判断，我们用

表 1–1 的绩效改进课题选题评价表进行判断，只有当五个维度都为“是”的时候才能确认绩效改进的选题；如果出现“否”的时候，就需要对选题进行更改或调整，直到五个维度均为“是”。

表 1–1 绩效改进课题选题评价表

评价维度	评价维度描述	是 / 否
重要性与共性	课题是否是公司重点关注的问题，是否具备共通性（成果可复制、可推广）	
可衡量性	有关绩效改进的课题及绩效成果是否可以用数据衡量	
可控性	以下两点有任何一个符合就具备可控性： ▪ 课题是否在学员的可控范围内，便于绩效改进方案的前期调研与后期实施 ▪ 课题虽然不完全在学员可控范围内，但可以影响相关人员或部门对本课题进行干预和实施	
挑战性	课题的改进与绩效提升是否有一定的挑战空间	
时效性	在形成绩效改进方案后，是否能在 1.5 ~ 2 个月完成试点实施并显现初步成果	

请写下本小组的课题，要符合课题选择的要求：

本章小结

本章重要知识点如图 1–7 所示。

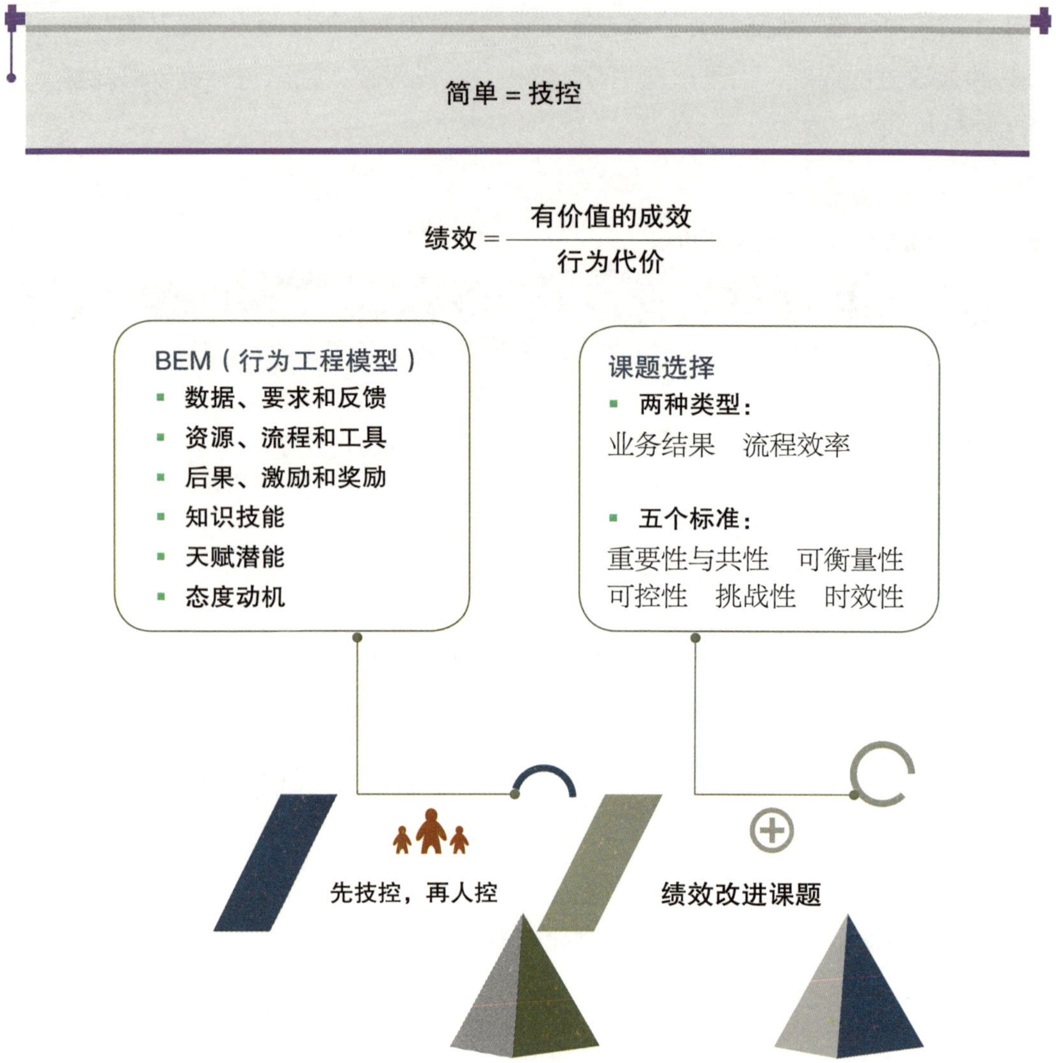

图 1-7 本章重要知识点回顾

写出你对本章的学习心得：

第二章

探索差距

探索差距就是确定绩效差距，根据事实及相关证据判断绩效现状并设定能够达到的绩效目标，找出二者之间差距的系统化过程。

通过探索差距，我们可以确定绩效改进机遇——它们为原因分析和干预手段的选择或设计奠定了基础。从绩效改进的观点来看，绩效差距分析与需求评估极其相似。在需求评估过程中，需求通常被看作“结果、影响或成果方面的差距”，而需求评估则被定义为“一种非常有价值的工具，可用于识别你所处的位置或当前的结果和影响，以及你应当处在何种位置或可以期望什么样的结果和影响”。

另外，需求评估和探索差距也有所不同，它们有如下两个最主要的差异。

- 需求评估倾向于以知识、技能和态度为核心，而探索差距着眼于“识别影响人员绩效的任何缺陷和长处”。
- 需求评估倾向于以过去和当前为核心，而探索差距则着眼于未来。

如图 2–1 所示，绩效差距具体体现在三个方面。

图 2–1　绩效差距

- 在确定绩效目标时，我们必须确保客户需求、组织目标、主要的和支持性流程，以及部门、工作、职责和整体人员绩效系统的组成部分之间横向与纵向的协调，要提出“应当怎样”的问题。
- 绩效现状的描述要尽可能简单而准确地阐明当前的绩效状态，并针对实际绩效状态提出“是怎样”的问题。
- 绩效差距的分析需要利用常见数据来收集技术信息，并对信息进行分析。主要工具包括调查、访问和集体研讨等群组活动。

基 线 测 量 —— 用以描述当前状况的证据或事实

理想状态测量—— 关于成功的证据，成功是什么

差 距 测 量 —— 现实状态和理想状态之间的差异

第一节 三层级目标设定

一、绩效改进四大核心原则

因为绩效改进是一种思维方式，是一套系统的“世界观”和“方法论”，所以国际绩效改进协会规定了绩效改进的十大标准，前四项标准（见图 2–2）是绩效改进的核心原则。

关注结果
Focus on result

以终为始，以结果为导向，强调经营管理和工作的结果，以及经营管理和日常工作中表现出来的能力与态度均要符合结果的要求

系统思考
Take a system viewpoint

系统论是绩效改进区别于其他管理理论的关键，也是最重要、最本质的原则。主要体现在两个方面：一是将组织看作系统；二是有系统的方法步骤

增加价值
Add value

从我们的工作方法和产品中产生能够创造变化的结果。一定要能够证明绩效改进工作增加了价值，且这些价值与最终的目标结果是一致的

伙伴协作
Establish partnership

与客户或专家建立起合作关系，仔细倾听客户或专家的建议，充分信任与尊重彼此的知识和能力。在最终达成结果的过程中，每个阶段的决策和实施都需要大家共同承担责任

图 2–2 绩效改进的四大核心原则

二、关注结果要在组织、流程和工作三个绩效层面逐步深入

绩效改进的价值观非常明确：一旦组织确定了自己的目标、愿景和期望，那么它所有的工作都是为了保证结果的实现。

组织就是一个系统，我们应该建立全局绩效观，在组织层面、流程层面和（岗

位）工作层面上逐步深入，这样才能实现想要的结果，否则会面临许多问题。比如，如果绩效改进方案在建立组织目标后仅通过员工培训去实现，那么组织就会疏于流程的改进，造成培训经费的浪费，从而使得组织目标难以实现；又如人们经常通过自动化来提升流程绩效，如果无视组织目标，那就很容易将无效的流程自动化，也会忽视工作层面的绩效需求，最终得不到想要的结果。

请写出你对于在组织、流程和工作三个绩效层面关注结果的思考：

三、设定三层级目标，完成理想状态测量

在吉尔里·A. 拉姆勒、艾伦·P. 布拉奇撰写的《流程圣经》中，他们把组织作为一个系统并划分了三个绩效层面：组织绩效层、流程绩效层和工作绩效层。相应地，他们对目标进行了如表 2–1 的三层级划分。

表 2–1 三层级目标

组织目标	定义	一个组织在未来一段时间内要实现的目的，是组织的宗旨或纲领，一般为财务指标或客户指标
	示例	客户满意度从 95% 提高到 97%
流程目标	定义	在组织目标的指导下制定出的每类业务或单位流程的目标
	示例	订单处理效率由 36 小时内完成提升到 30 小时内完成
工作目标	定义	针对每类业务或流程中具体的工作动作和内容所制定的目标
	示例	审核新客户信用状况的工作目标： ▪ 24 小时内 100% 完成对收到的票据的信用审核 ▪ 信用等级较差的票据全部退回给销售代表解决 ▪ 通过审核的客户的未结款项不能高于所有款项的 1%

四、三层级目标操作指南

- 上下对应，方能一致。
- 工作目标，必为动作。
- 下能马上写出上，上不能立刻写出下。
- 课题分析过程中，从上自然就出下。

请流程目标和工作目标的小组，向上写出组织目标和流程目标。工作目标的小组还需要将课题改为对应的流程目标或组织目标课题。

第二节 关键价值链还原现状

一、价值链

理论上，“价值链”这一概念是哈佛大学商学院教授迈克尔·波特（Michael Porter）于1985年提出的。

价值链分析的核心是将企业的所有资源、价值活动与企业的战略目标紧密连接起来，以价值增值为目的，形成一个简明清晰的结构框架，帮助企业清晰认识企业生存中各相关链条的价值。

1. 价值链的微观定义

从微观层面来看，价值链是企业经营活动从开始到结束的一组连续过程，这些活动对顾客都是有价值的（顾客可能是最终的外部客户，也可能是内部的价值链使用者)。价值链由价值活动和边际利润两部分组成。

同时，价值链也是一种工具，借此可以发现或展现事物之间的联系并还原绩效现状，从而对应目标找到差距。价值链就是要把影响因素中与结果直接相关的线性影响因素找出来，从而确定结果和这些影响因素间的关系。同一个结果涉及的价值链会有很多条。

图 2–3 是一家眼镜零售店的价值链示例。

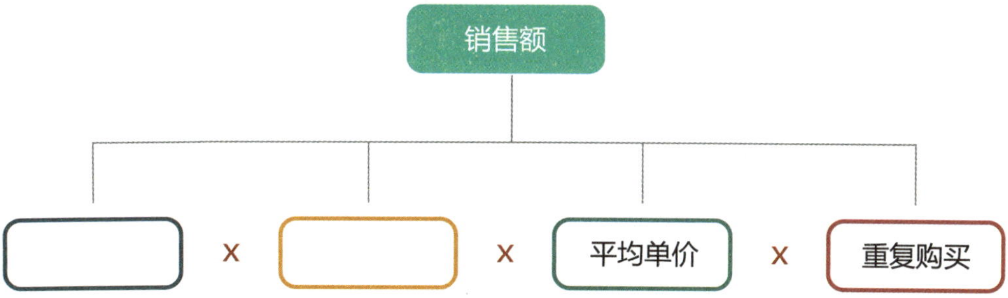

图 2–3　眼镜零售店价值链（一）

图 2–3 中的价值链包括四个方面（模块）。我们提高其中任何一项的数据，都可以提升该眼镜店的销售业绩。同时，在销售额的分析中，这四个方面又存在优先顺序。

每一个模块向下还可以有更细化的价值链，比如店面客流、成交数和成交率的价值链分别如图 2–4、图 2–5 和图 2–6 所示。

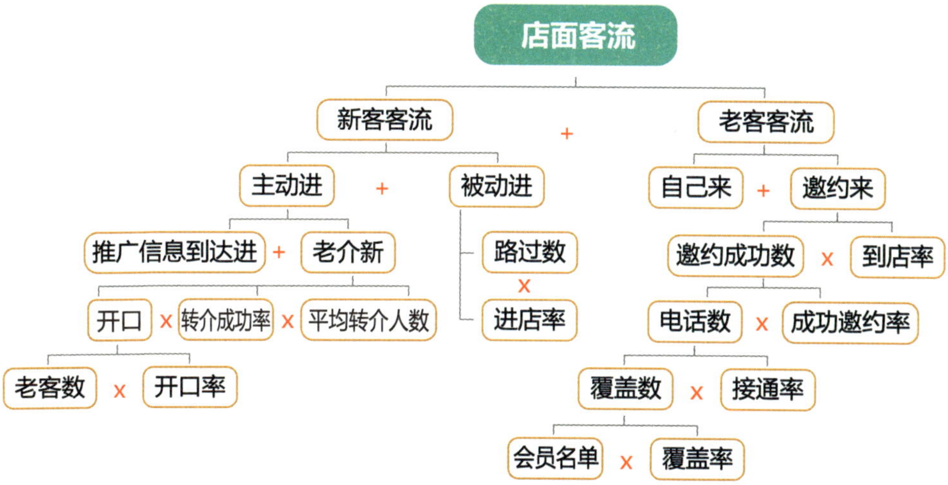

图 2–4　眼镜零售店价值链（二）

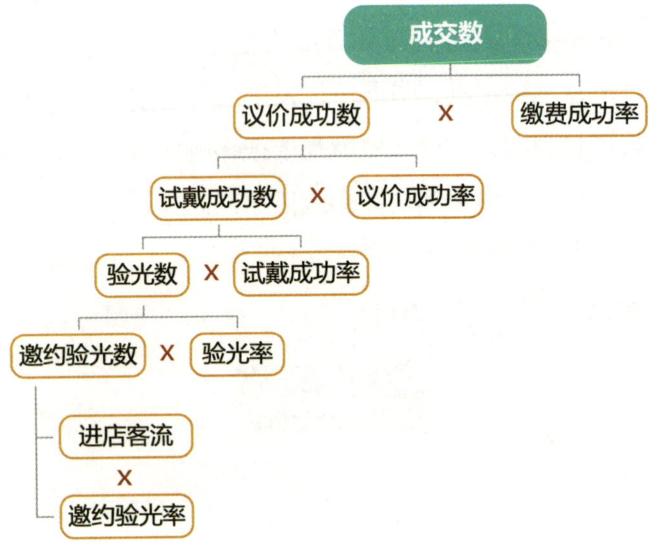

图 2–5 眼镜零售店价值链（三）

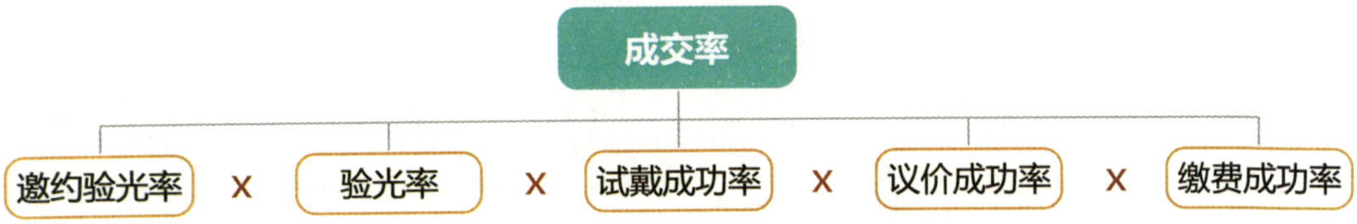

图 2–6 眼镜零售店价值链（四）

2. 价值链的作用

万事万物都是有联系的。当我们发现了事物之间的联系并有针对性地改变时，做事就会更加有效，更容易达成我们想要的结果。价值链就是这样一个发现或者说是展现“联系”的工具。它用于还原分析现状，建立________________________和________________________间的关系。

3. 价值链的特征

价值链是线性的、可以用加减乘除表现出来且影响事情发展结果的链条。

常见的加减乘除价值链示例包括：

- **加：** 销售额 = 类别 1 销售额 + 类别 2 销售额 + 类别 3 销售额 +……

客户数 = 类型 1 客户数 + 类型 2 客户数 + 类型 3 客户数 +……

总时间 = 阶段 1 时间 + 阶段 2 时间 + 阶段 3 时间 +……

- 减：利润 = 收入 – 成本。
- 乘：销售额 = 客户数 × 平均单价。
- 除：成交率 = 成交客户数 ÷ 总客户数；投诉率 = 投诉客户数 ÷ 总客户数。

4. 非线性课题的价值链线性化

如果价值链是非线性的，那么需要将其转化成线性的，这样我们才可以画出完整的价值链，比如满意度、KPI 考核及区域经理目标达成情况的价值链（见图 2–7）都可以转化成线性的。

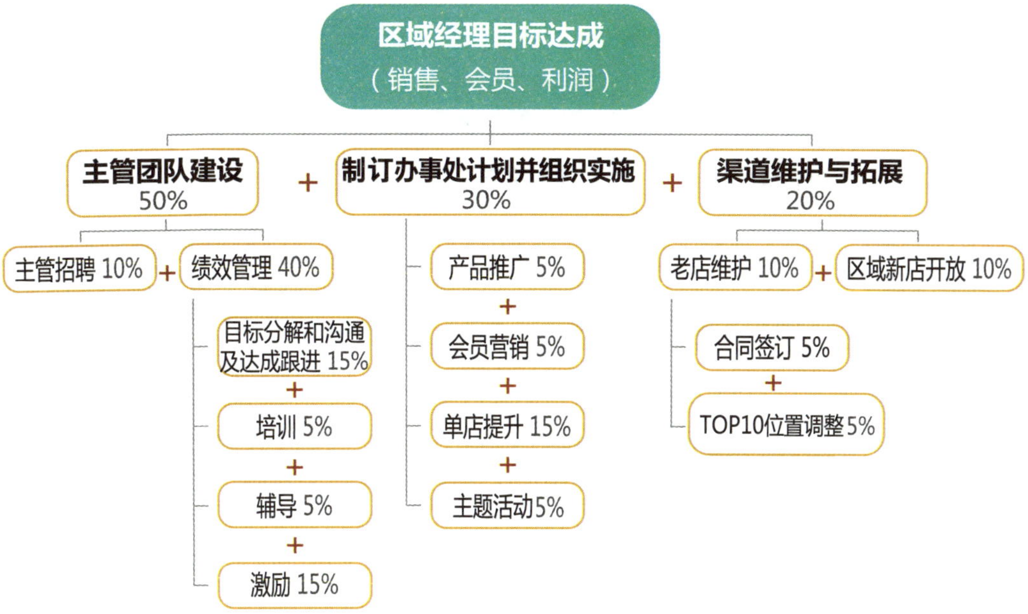

图 2–7　区域经理目标达成价值链

5. 两种常见的价值链类型

价值链一般有两种类型：______________类和______________类。

业务结果类价值链反映的是业绩结果，比如销售额、销售量、利润、成本、费用等（见图 2–8），而流程效率类价值链则反映完成一件事的所有步骤和顺序（见图 2–9）。

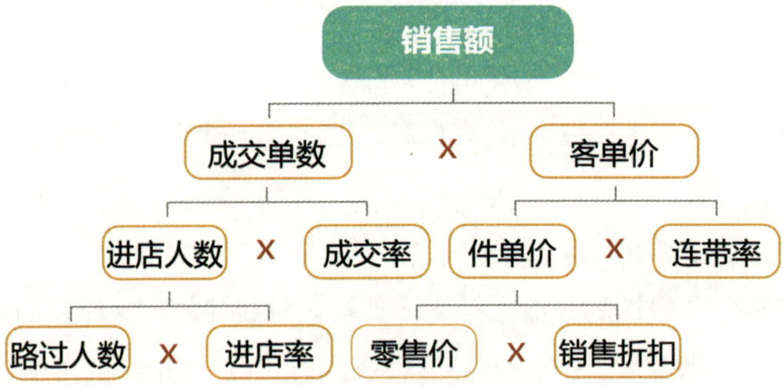

图 2–8 销售额价值链

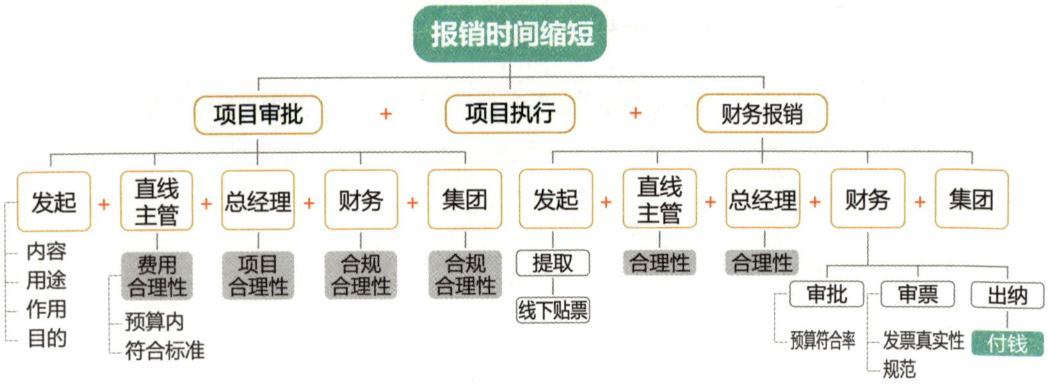

图 2–9 报销时间缩短价值链

6. 价值链操作指南

价值链看起来不难，但真正画的时候会遇到各种挑战和困难。在这里，我们总结了价值链操作指南（见图 2–10）。

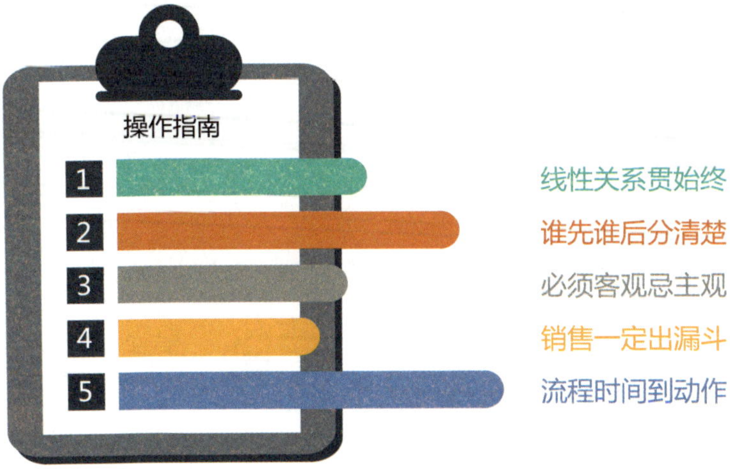

图 2–10　价值链操作指南

内容：完成本小组课题的价值链。

五个检核点：（1）是否线性（加、减、乘、除）；（2）是否画透——不能再还原为止；（3）是否客观；（4）是否出现解决方案；（5）是否做目标拆解。

方式：集体讨论，共同编写。

时间：40 分钟。

二、关键价值链

1. 关键价值链的作用

如图 2–11 所示，关键价值链的作用在于找准________。

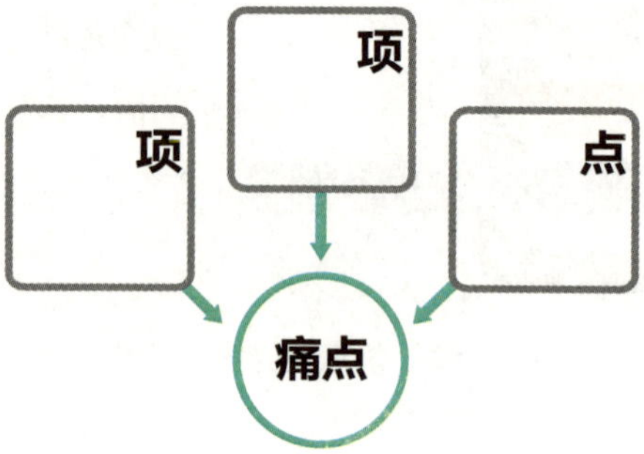

图 2–11 找准痛点

痛点分为三类：

- 重点项：占比很大，影响也很大，虽然团队完成得不错，但它依然有提升空间。
- 短板项：投入了很大精力，但没做好。
- 机会点：投入小，效果大。包括两种情况：原先没看见，现在看见了；原先看见了，但没有重视。

> 关键价值链就是
>
> **价值链中对结果影响______________________________！**

图 2–12 是某银行新开户 AUM（asset under management，资产管理规模）千元达标率的关键价值链完整图。

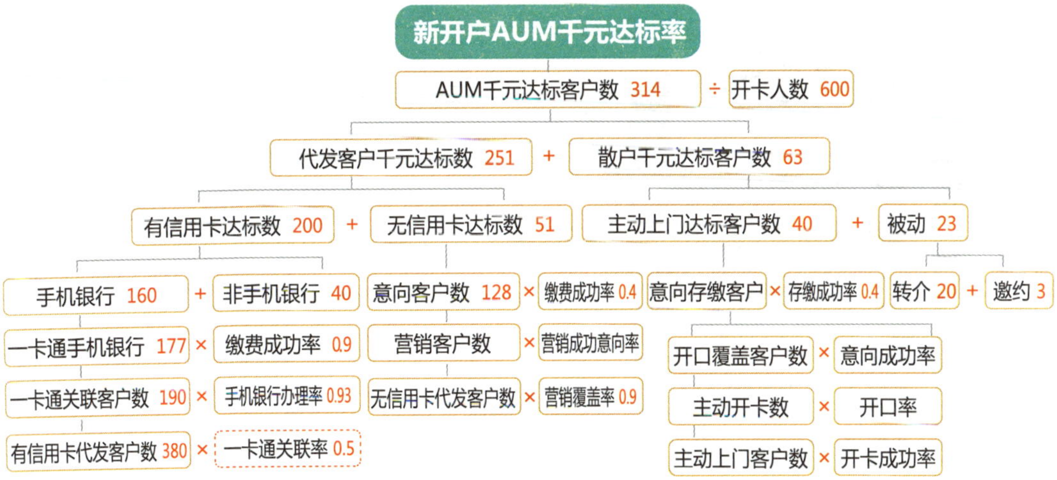

图 2–12　新开户 AUM 千元达成率的关键价值链

内容：完成本小组课题的关键价值链；找到对研讨课题结果影响最直接的那种画法。

方式：集体讨论，共同编写。

时间：80 分钟。

2. 关键价值链操作指南

除了价值链操作指南，我们还总结了关键价值链操作指南。

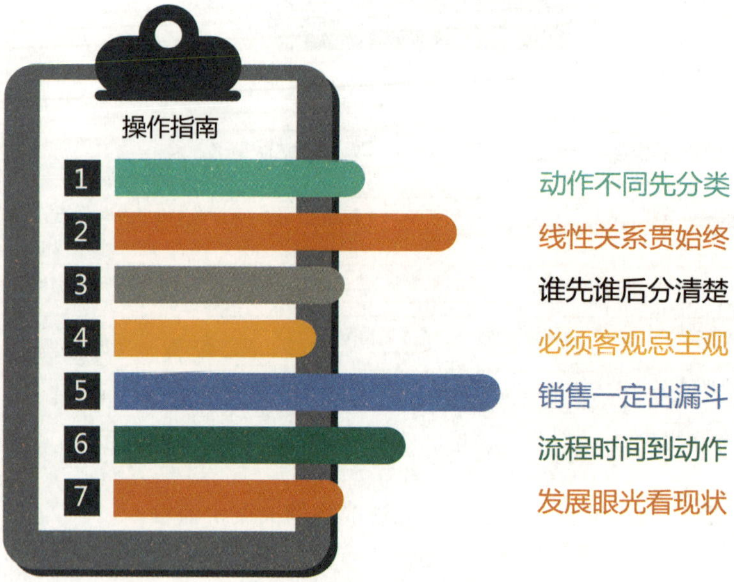

图 2–13 关键价值链操作指南

3. 关键价值链的检查标准

为便于检查和排除问题，我们总结了关键价值链的检查标准，如图 2–14 所示。

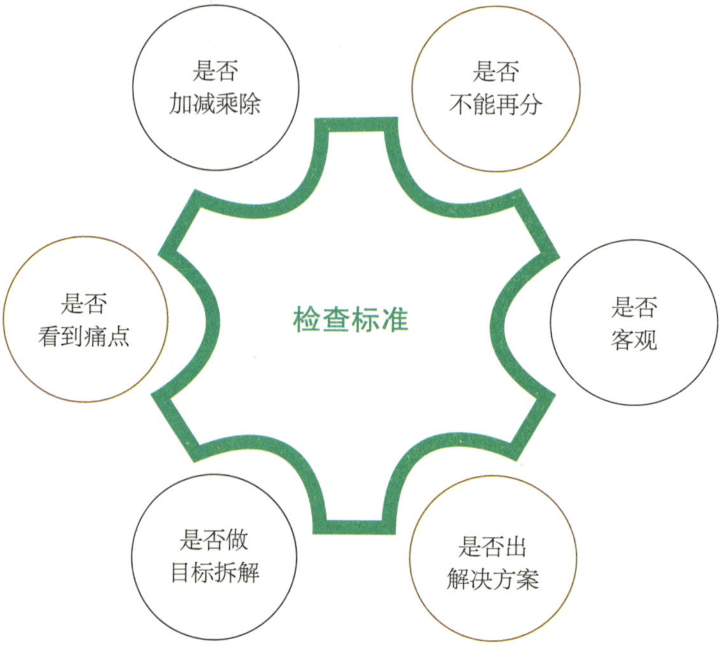

图 2–14 关键价值链检查标准

第三节　绩效差距整理

一、差距来源

差距源于关键价值链最末端模块的三类痛点：短板项、重点项和机会点。

二、差距“三级跳”

从绩效现状与目标之间的关系来看，我们可以把差距分为三级，我们称之为“差距三级跳”，如图 2–15 所示。

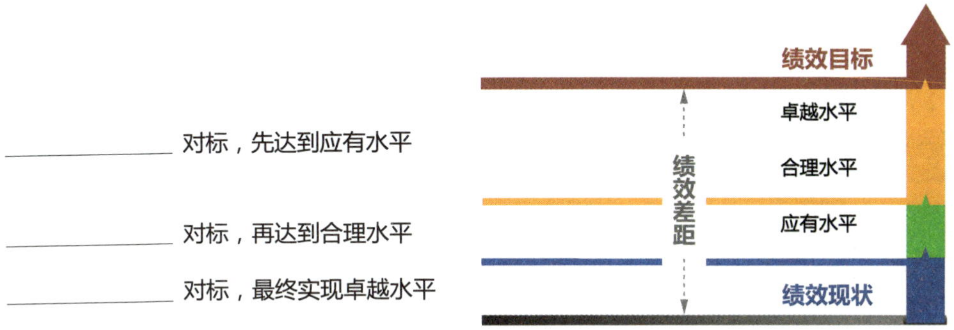

图 2–15　差距“三级跳”

结合小组课题思考三级差距是怎么得出来的？

三、差距量化的处理

从量化的角度来看，差距可分为已量化差距和未量化差距两种。针对两种不同差距，我们需要做到以下三点。

- 优先寻找已量化的差距。
- 把未量化的差距进行量化。
- 为不能量化的差距分层级。

需求评估和绩效差距分析之间存在的两个最主要差异如表 2–2 所示。

表 2–2 需求评估与绩效差距分析的差异

差异项	需求评估	绩效差距分析
目　的	旨在扩展知识，提供技能和改进态度	为了“识别影响人员绩效的任何缺陷或长处”
着眼点	着眼于过去和当前	着眼于未来

小组课题是否有未量化差距？

四、常见的五类绩效差距

在绩效改进工作中，我们会遇到常见的五类绩效差距（见图 2–16）。

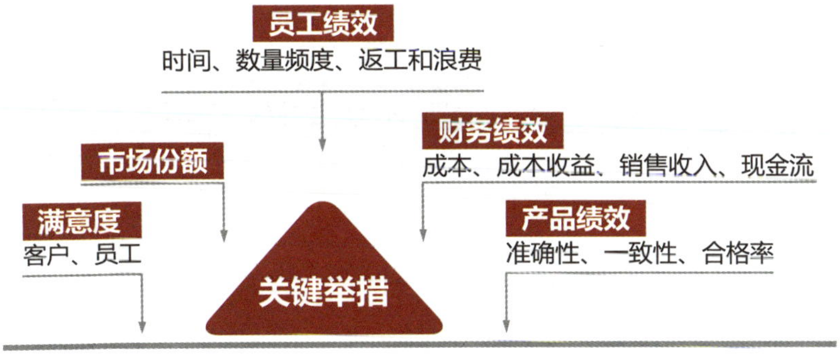

图 2–16　常见的五类绩效差距

你的差距属于哪几类？

五、放入数据找痛点

一个正确、清晰的“关键价值链”可以帮助企业快速且有效地达成目标，反之，可能导致决策失误从而带来巨大的损失和不良影响。所以，数据的准确和对标对象的选择就变得非常重要。我们可以通过四步从价值链上找出痛点（见图 2–17）。

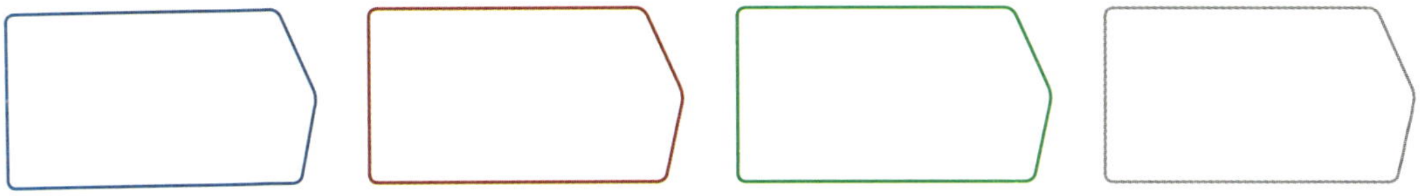

图 2–17　四步找痛点

表 2–3 是一个从关键价值链中找到痛点的示例。

表 2–3 从关键价值链中找痛点

项 目	痛点一：签约后沟通与服务	痛点二：维修关闭及时率
现状数据	65	12
对标数据	80	74
对标数据来源	行业标杆	行业均值
差 距	15	62
选择为痛点的理由	虽然权重和分值都较低，但提升成本也低，分值提升容易，是机会点	维修关闭及时率对于房屋质量与维修、投诉处理及物业服务的影响较大，且分值低、权重大，是提升的重点

内容：找出本小组课题的痛点（见表 2–4），列出作为痛点的理由并思考理由的合理性。

方式：集体讨论，共同编写。

时间：10 分钟。

表 2–4 本小组课题的痛点

项 目	痛点一：____________	痛点二：____________
现状数据		
对标数据		
对标数据来源		
差 距		
选择为痛点的理由		

六、差距整理表

对绩效改进工作者来说，差距整理表可以提供以下四个方面的帮助。

- 更全面地了解绩效差距。
- 快速判断需要进一步调查的绩效差距。
- 明确评估差距和未来改进的标准与指标。
- 将培训项目与组织需求联系起来。

差距整理表能引导并推进绩效改进师和客户进行讨论。该表的内容包括：对于客户而言，什么是重要的，用什么来判断绩效高低或绩效有待改进（见表 2–5）。

1. 关键举措

这些举措经常被称为策略或目标，比如增加市场份额、减少人员流动、降低成本或提高销售量。它们都是组织（不管是大业务单位，如一个部门；还是小业务单位，如一个任务小组）所关注的。

2. 指　标

指标是指组织追踪的数据，常源于痛点，人们往往将它看作目标达成的依据。有时，这些措施会得到完好的记录和理解，但有时，管理者也会仅凭直觉做一些记录。不管这些指标是如何被确定的，你都需要把它们全部找出来。

3. 标准或目标与实际绩效的对比

这两者对比的结果就是绩效差距，即组织目前的状况与期望之间的差距。有些组织追踪绩效差距的系统已经成熟，而其他组织则不尽然。所以，你有必要了解你的客户是否有评估绩效的能力。如果有的话，你就要弄明白他们是如何一步步达到绩效目标的。如果客户没有合适的绩效评估系统，那么他们就是依据不完整的数据信息做出决定的。关于这一点，你也要有所了解。

表 2–5　差距整理表

目标：展示主动采取的措施与业务指标有何联系。此整理表有助于你向别人传达工作中存在或不存在哪些信息，组织会追踪或不追踪哪些数据，在哪里进行深度分析是有价值的。你也可以用此表促进有关依据的讨论——依据是什么，如何获得这些依据。

关键举措或策略 业务部门（公司）关注和重视的事情	指　标 业务部门（公司）依据什么来评估绩效	标准或目标与实际绩效的对比 业务部门（公司）的期望与现实及两者间的差距	评　估 如何获得确定绩效差距原因的数据	评估结果 需要做出什么改变才能使得干预成功且有价值
业务部门（公司）满意度	等级（五分量表）投诉量	目标 4.2，实际 3.7	数据调查、小组座谈（对照表中的解释）与访问	等级较高，投诉较少
市场份额	实际占比与潜在占比	由比较产生的差距	市场调查	份额提高
员工绩效时间、数量、频率、返工和浪费	完成过程所需时间、周期及每个时间段的电话或拜访量	非附加值低于 X%，X% 的比率，每个时间段的数量，浪费低于 X% 或 X 美元	时间表、访谈、产业指标、工作表和观察报告	产品、员工和过程绩效的改进，较少浪费
财务绩效成本、成本收益、销售收入和现金流	固定可变资本、投资回报、资产收益、资本收益、边际收益与增长比例	单价，销售电话或客户建议，销售成本要低于 X 美元或成本的 X%，X% 的销售增加值，X% 的增长	日常报告、实际与预算差距及营业额分析	提高收益率、降低成本、高利润、高收入与增加现金流
产品绩效准确性、一致性和合格率	次品率、收益率、计划外服务与正式档案	零缺陷，次品率低于 X% 以及计划外服务与计划内服务的比率	控制统计过程的数据、质量控制报告及投诉电话和传讯	缺陷少，较高成效，较高收益，更好的比率，有关问题产品的报告减少

4. 评　估

评估指的是组织怎样获取数据。这些数据可以用来找出绩效差距的原因，并评测差距的大小。你可以使用该栏来确定已经获取了哪些信息，在哪里获取的这些信息，谁获取的这些信息，有哪些其他的信息是有用的，以及如何获得这些有用的信息。进行数据分析，得到的结果有助于你确定合适的干预措施。

5. 评估结果

在实施每一项干预措施的前后都要评估结果。该栏的使用是为了明确要做出什么样的改变才能让客户认为干预是成功的、值得的。在这一步，你要讨论客户必须获得多大的利益才可以抵销他们采取行动花费的成本。在完成干预后，你可以检查并展示真正改变的是什么，它产生了多大的效果，以及改变的成本是多少。

写出小组课题的差距整理表：

按照差距的重要程度（关键性），缩小差距的难度（复杂性）以及差距发生的频率（经常性），你要对它们做出符合组织目标的优先排序（见表 2–6）。

表 2–6 差距排序表

绩效差距	关键性（差距的重要程度）	复杂性（缩小差距的难度）	经常性（差距发生的频率）	合计	排序
差距 1					
差距 2					
差距 3					
差距 4					
……					
差距 *n*					

这里已经确认的绩效问题，往往只是一些表象或结果。只有真正找到问题产生的核心原因，才有助于最优地解决绩效问题，做到事半功倍。

为此，我们要做到对症下药，即针对事物的真正问题采取不同的有效措施。

《三国志·魏志·华佗传》：府吏倪寻、李延共止，俱头痛身热，所苦正同。佗曰："寻当下之，延当发汗。"或难其异，佗曰："寻外实，延内实，故治之宜殊。"即各与药，明旦并起。

本章小结

本章重要知识点如图 2–18 所示。

图 2–18　本章重要知识点回顾

写出你对本章的学习心得：

第三章

发现原因

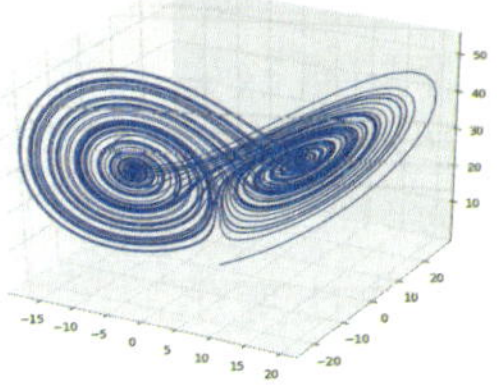

蝴蝶效应源于美国气象学家爱德华·N.洛伦茨（Edward N. Lorenz）20世纪60年代初的发现。他的研究发现：某地上空一只小小的蝴蝶扇动翅膀而扰动了空气，长时间后可能导致遥远的彼地发生一场暴风雨。蝴蝶效应后被用来比喻一点点微小的因素可能造成难以预测的严重后果。

中国传统文化中也有类似的关于蝴蝶效应的表述，如“差之毫厘，谬以千里”“一着不慎，满盘皆输”。

发现原因是用来识别不良绩效或无法很好地抓住机会的潜在原因的一种系统化过程。发现原因除了应该确定绩效差距存在的原因，还需要分析绩效差距是如何影响组织的任务、要求和期望的。因此，如图3-1所示，发现原因并不是一个可以直接跳到答案而可有可无的过程，而是一个应花费精力进行深入研究的阶段。

图3-1　请不要直接跳到答案

发现原因的内容与证据，如图3-2所示。

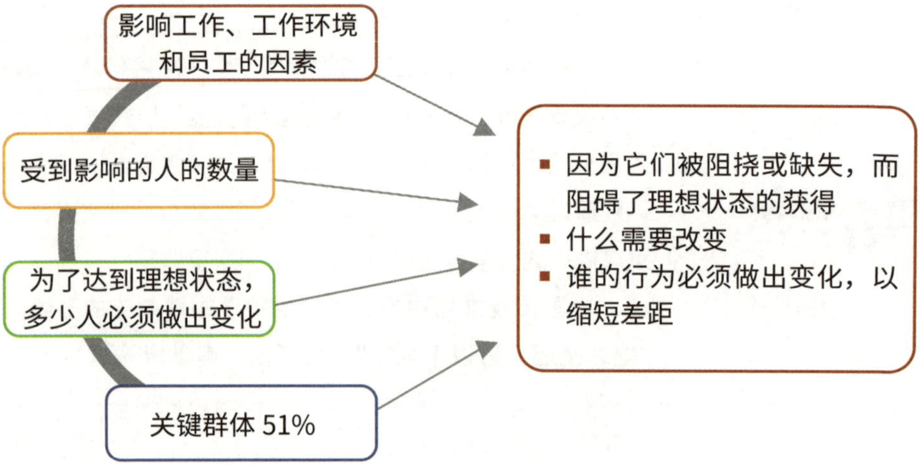

图 3–2 发现原因的内容与证据

第一节 原因转换

如果你找到的原因属于下列三类，那么直接着手解决会十分困难，这就需要运用一种名为原因切换器的工具进行原因转换。

- **客观的原因** 客观存在且不容易改变的原因，如自身的品牌、产品、价格和服务等，以及外部的对手和客户等。
- **外部的原因** 问题不在本企业，而是由合作方（如供应商和上下游客户等）造成的原因。
- **别人的原因** 下属或跨部门人员的原因。

工具：原因切换器

_____________的原因转换为_____________的原因。

_____________的原因转换为_____________的原因。

_____________的原因转换为_____________的原因。

内容：在之前头脑风暴的原因中，找到客观的、外部的和别人的原因进行原因转换。

方式：用另一个颜色的报事贴盖住并写出转换后的原因。

时间：10 分钟。

第二节 BEM 原因分析

一、BEM（行为工程模型）影响人的绩效的六个层面原因

练习： 以下描述分别是 BEM 模型的第几层？

- A 有关期望绩效的描述：BEM 第（ ）层。
- B 人的特质与岗位的匹配：BEM 第（ ）层。
- C 以绩效表现为依据的金钱激励：BEM 第（ ）层。
- D 表彰员工为获得奖励而努力工作的意愿：BEM 第（ ）层。
- E 达成绩效所需要的工具、资源和材料：BEM 第（ ）层。
- F 接受培训的机会：BEM 第（ ）层。
- G 非货币形式的激励：BEM 第（ ）层。
- H 更简洁的工作流程：BEM 第（ ）层。
- I 及时提供适当的反馈：BEM 第（ ）层。
- J 评估员工的工作动机：BEM 第（ ）层。

- K 良好的人才选拔：BEM 第（　）层。
- L 与明星员工一致的且经过设计的培训：BEM 第（　）层。
- M 职业发展机会：BEM 第（　）层。

BEM 原因分析的项目、问题和案例详见表 3–1。

表 3–1　BEM 原因分析

分析项目	绩效问题	典型绩效缺陷
第 1 层：数据、要求和反馈	人们提供必要的数据、信息和反馈的情况如何？	未能及时提供信息，缺乏反馈机制，文件记录不详，没有建立绩效标准，数据与绩效关联不确定
第 2 层：资源、流程和工具	人们在资源、流程和工具等方面获得支持的情况如何？	人类工程学方面的缺陷，不适当的工作条件，没有提供工具或工具的配置没有得到优化，没有足够的时间来完成工作
第 3 层：后果、激励和奖励	员工是怎样看待结果或成果的？他们获得的奖励或激励情况如何？	工作与组织的使命和员工的需求无关，奖励不以绩效为基础，相互矛盾的激励机制，较差的工作表现仍能获得奖励
第 4 层：知识技能	员工的知识和技能是否与绩效考核的要求相匹配？	缺乏知识、技能、培训和教育，无法发挥系统的作用
第 5 层：天赋潜能	人们的表现怎样？	缺乏天赋、能力、体能或灵巧度，工作分析不充分
第 6 层：态度动机	人们的行为受到那些动力的影响？期望是否现实？	不适当和严厉的绩效体系，薪资待遇不切合实际

吉尔伯特 PROBE 模型应用

说明：该工具是吉尔伯特 PROBE（探针）模型的一种应用。表 3–2 和表 3–3 所列问题的答案可以帮助我们明确绩效差距的驱动因素或产生原因。有些问题的答案可以从绩效差距分析文件中找到，其他问题的答案需要实际工作者加以思考。请以“是”或“否”作答。

表 3–2 工具 1：剖析绩效支持的动机或原因

类别	问题	是	否
	数据		
1	是否有充足且易获得的数据（或信息）指导一名有经验的人的工作表现更加出色？		
2	数据（或信息）是否准确？		
3	能否保证数据（或信息）清晰无误，不会“刺激竞争”，降低绩效，导致错误？		
4	包含在工作指示中的数据是否过多？是否能以最为简化的方式表达？是否已经剔除各种无关数据？		
5	数据（或信息）更新是否及时？		
6	是否已经确立了良好的行为典范？		
7	是否已经将清晰可衡量的绩效标准明确告知了每一位员工？		
8	他们是否接受这些标准并认可其合理性？		
	反馈		
1	提供的反馈是否“与工作相关”——不仅有行为，还有符合绩效标准的结果？		
2	反馈是否及时？反馈频率是否足以帮助员工记住他们所做的事？		
3	这些反馈信息是否有选择性、有针对性，限制在少数重要事项上，而且不含多余的数据和模糊的表述？		
4	对于员工从中学到一定的知识和经验而言，这些反馈信息是否具有教育性、积极性和建设性意义？		
	工具		
1	是否始终拥有工作所需的工具与设备？		
2	这些工具与设备是否可靠和有效？		
3	这些工具与设备是否安全？		
	流程		
1	工作流程是否高效？是否有不必要的步骤或者无意义的动作？		

（续表）

类 别	问 题	是	否
2	这些工作流程是否建立在有效的方法上，而非建立在之前偶发的事件上？		
3	这些工作流程对于工作和员工技能水平而言是否适当？		
4	这些工作流程中是否已剔除无益的重复性内容？		
	资 源		
1	是否提供了圆满完成工作所需的资料、物资和辅助设施等？		
2	资料、物资和辅助设施等是否按照工作的需要进行了有效的调整？		
3	工作环境是否舒适并避免了不必要的干扰？		
	激 励		
1	岗位的薪酬是否具有竞争力？		
2	针对好的绩效，是否能给予相对应的奖金或加薪？		
3	好的绩效与职业晋升机会之间是否具有相关性？		
4	绩效好（基于结果而不是行为）的员工能否获得有意义的非金钱激励（如表彰）？		
5	这种非金钱激励的频率是否合适，既不过分频繁（丧失意义），也不过分罕见（变得毫无用处）？		
6	员工是否可以因为绩效好而免于处罚？		
7	是否出现了对于不良工作表现听之任之的情况？		
8	员工是否因为缺乏隐性的激励而绩效表现糟糕？		

表 3–3 工具 2：人员行为储备动机或原因的深入探查

类 别	问 题	是	否
	知识和培训		
1	人们是否了解好坏绩效所带来的后果？		
2	他们是否能掌握绩效的本质？是否已经构建绩效总蓝图？		
3	他们是否掌握了实现良好绩效的技术概念？		

（续表）

类 别	问 题	是	否
4	他们是否具备完成工作的基本技能（如阅读和使用电脑等）？		
5	他们是否具备充分的专业技能?		
6	在经过初次培训之后，他们是否经常使用培训中学到的技能?		
7	组织是否具备良好的工作支持系统?		
	能 力		
1	工作者是否具备迅速而准确地掌握必要知觉辨认的基本能力?		
2	他们在情绪上是否能做到不受任何限制，从而避免绩效受到干扰?		
3	他们是否具备充分的实力和灵活程度，从而确保较好地完成工作?		
	动 机		
1	工作者在入职时看上去是否怀有实现良好绩效的愿望?		
2	他们的动机能否持久？人员流动率能否保持较低水平?		

二、原因分析工具

进行原因分析的工具主要有访谈、观察、调查或调查问卷等 7 种（见表 3–4）。

表 3–4　原因分析工具

工具名称	简要说明
访 谈	有组织或无组织的访谈，着眼于关系的建立和后续随访，问题可以是开放式的或探索性的
观 察	捕捉当前的技能和知识以及环境状况，观察对工作产生的影响，花费一定的时间去有效观察
调查或调查问卷	匿名调查，被调查者人数众多，需要清晰有效的指导、用户友好型问题和构建关系方面的技能
小组座谈	创造提供信息的机会，对每名参与者进行简要介绍并听取他们的报告，协调人和书记员的作用十分关键

（续表）

工具名称	简要说明
根本原因分析	跟踪记录事故或其他已产生的问题的原因和结果，对报告和记录的事件按照时间顺序进行书面排序，使某一事件与其他事件之间的关系开始变得清晰，分析结果可以用“一面墙”那么大的流程图来表示，接受提问的参与者能准确描述问题的根本原因
鱼骨图	全面质量管理（TQM）中的因果关系图表，以过去为导向，将重点放在发现消极绩效差距上，所有原因都源自人员、政策或程序、设备、环境和故障解决工具
组合分析	以积极绩效差距为核心的财务管理工具，建立网格，在薪资的可能性基础上做出决定，有利于利益相关者的参与

此外，流程图、柱状图、帕雷托图和趋势图也可用于发现绩效差距产生的原因。

三、原因筛查

找到初步原因后，你需完成一个关键的步骤——排除无关。

- 判断该原因是不是真正的原因。
- 判断该原因能不能在现有资源下找到解决方案。

在实际工作中，你可以采取下列三种方法来排除无关。

1. 工作观察

- 捕捉当前的技能、知识及环境状况。
- 观察对工作产生的影响。
- 花费一定的时间去有效观察。

2. 深度访谈

- 有组织或无组织的访问。

- 着眼于关系的建立和后续随访。
- 问题可以是开放式的或探索性的。

3. 文本核查

收集组织相关文件进行核查。

将原因筛查结果填入表 3–5 中。

表 3–5 原因筛查表

序号	可能原因	筛查方法	是不是真正原因	能不能在现有条件下解决
1				
2				
3				
4				
5				
……				
N				

第三节 五步发现原因

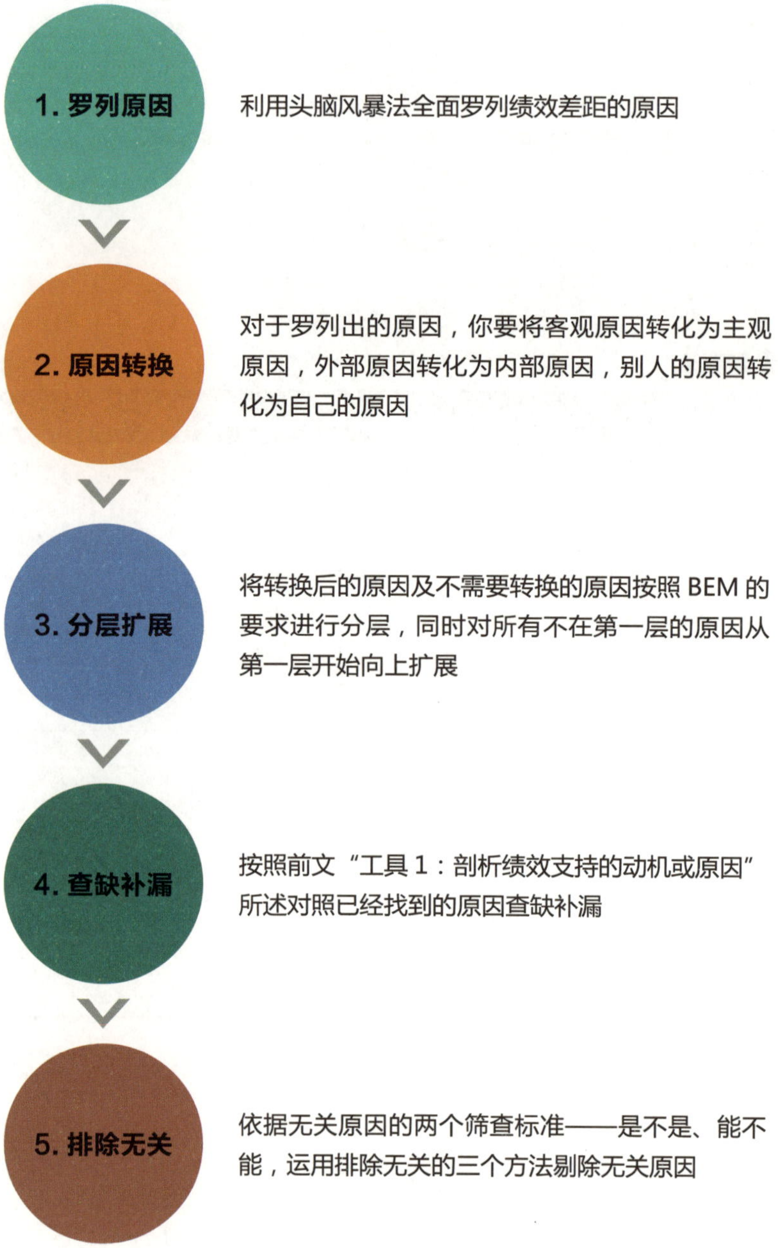

图 3-3 五步发现原因

本章小结

本章的重要知识点如图 3–4 所示。

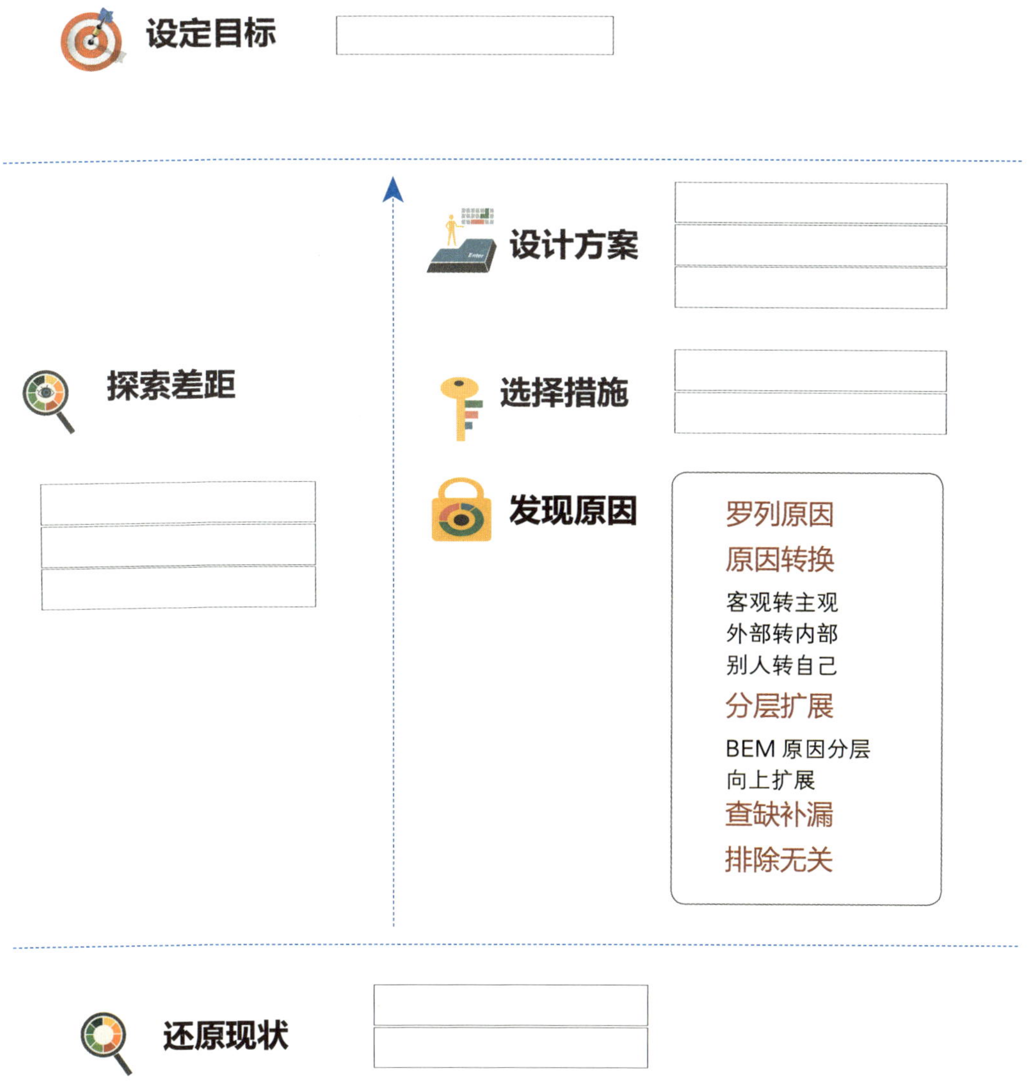

图 3–4　本章重要知识点回顾

写出你对本章的学习心得：

第四章

选择措施

第一节　从原因到干预措施

干预措施是有意识地促进绩效变革的行动！

从干预一词的英文来看，intervention 有“干预”“介入”的意思，如行政干预、危机干预等，中文的“干预”是过问或参与的意思。因此通过上述定义，我们就不难看出干预方案和解决方案的区别：解决方案是先给出答案，再被动等待结果是否与答案一致；干预方案强调的则是针对结果所采取的行动，是一个主动参与、共创未来的过程。干预方案强调的不是一次解决所有问题。引发绩效差距的原因不止一个，且这些原因之间常常存在着错综复杂的关联性。这就意味着很难通过一次或者一个方案解决所有问题，而是需要不同种类、不同层次的多种措施分别进行干预。干预方案的另一项重要功能就是帮助组织抓住发展中的机遇。

干预措施指的是提高组织和人员的绩效的所有项目、沟通方式及活动。为了提高生产率和绩效，组织常常会力求改变并选择实施一些新项目。这些新的改变和项目常常需要投入比较多的时间和资金。事实上，公司实施的改革和投资的项目都会重新定义工作及工作关系，从而影响员工的工作和生活。

一、定义及范畴

干预措施需要设计，即选择和开发具体的干预方案，它是一个“系统计划”活动。此时，绩效改进工作者成为干预措施的设计者和开发者，他们“能发现或创造将干预决策转化为现实所需的方案、材料和媒介”。干预措施设计的目的在于计划时间、地点、人物及内容，有了这些，我们就可以“学习干预措施以及其他有助于处理绩效差距的特定根源的措施”。

二、对照已知——从原因到干预措施

对于干预措施的设计，你可以通过对照已知——从原因到干预措施——的方法来进行。我们通过一个案例来对此加以说明。

案例

现状：VIP（贵宾）客户到厅堂办理业务时对停车位安排不满意，因为没有停车位或需等候。

原因：目前应对 VIP 无停车位的办法不够有效。

列出可能的干预措施：

____

____

____

____

____

____

内容：各组将原因（至少 BEM 第 1、2 层的原因）用对照已知的方法找到相对应的最优干预措施，检查干预措施是否具体、有效以及代价如何。

时间：15 分钟。

第二节　六大类干预措施家族

一、认识六大类干预措施

干预措施分不同的“家族”（见表 4–1），每个家族都有一个独特的标签，让人一目了然。标签可以表明实施的具体活动或者项目是什么，能帮助你确定改善绩效的合适行动。

表 4–1　六大类干预措施家族

群组	干预措施家族（标签）	例　子
关注信息	1. 定义：为了更好地完成工作，人们需要知道什么。明确愿景、任务、目的、方法、产品、服务和市场定位，并澄清角色、关系、责任、结果和期望的活动	▪ 举行专门的会议传达愿景，确认市场方向和市场定位，设置和制定绩效目标，制定岗位说明书
	2. 告知：用什么样的方式和途径来实现信息传播，传达目的、目标、期望、结果和矛盾等的活动	▪ 建立内部通信录，召开汇报会议，提供工作反馈，建立项目微信群，OA（办公自动化）系统搭建
	3. 记录：整理信息的活动，在人们需要这些信息时，能够有效查找（保留信息或者使信息容易获得）	▪ 建立文件档案库，创建产品目录、话术手册和专家系统
关注结果	4. 奖惩：引导并维持期望行为，消除不合理行为，奖励合乎期望结果的活动和项目	▪ 举行公开仪式和年度表彰大会，总裁特别奖励，积分激励机制
	5. 评估：为员工提供评价标准和基准，以便检测和评估绩效活动及系统	▪ 考核指标体系，业绩看板
	6. 实施：考察人们的工作和成效，将行为、过程和后果相联系，并减少或改善员工的不规范或不良行为	▪ 监督、审查、复核、处罚、扣押工资
关注设计	7. 组织：改变组织或业务单元的结构，改变工作角色、职责、任务和岗位关系的活动，目的是消除冗余和浪费，缩减时间，提高效率等	▪ 重新设计流程，合并部门，重新规划岗位，职责调整采用 ISO9000 标准，制定标准化作业指导书，实施
	8. 标准化：使工作过程系统化或者自动化，将程序、任务、工具、设备、材料、部件或工作动作标准化的活动	▪ 统一标准：使用相同的指导原则、步骤、工具、设备及语言
	9.（再）设计：改变物理工作环境、工作场所、设备和工具以提升安全性和易用性，形成人体工程学设计的环境、工作场所、设备和工具的活动	▪ 建立安全特征，易于安装、使用、维护和更新的设计

（续表）

群组	干预措施家族（标签）	例子
关注能力	10. 重构：创造新的心智模型或者使用新范式，使员工拥有新的视角，挑战既定的假设，找到创造性的解决方案的活动 11. 建议：提供建议和指南以帮助人们处理工作、个人、家庭或财务等方面的事情，让人们能花更多的时间来完成工作任务，减少精力分散 12. 发展：向人们提供培训，以便他们获得完成其工作所需的技能和知识	▪ 推动实现挑战性的任务，积极参与对话，加入新团队，头脑风暴，组织创新小组 ▪ 财务规划建议，健身中心 ▪ 员工压力情绪心理疏导技能培训，上岗技能辅导，线上学习课程，轮岗学习
关注行动	13. 倡导：旨在增强意识和激发行动的活动（个人的、组织的、社会的或政治的） 14. 服务：主动提供帮助的行为	▪ 荣誉顾客产品体验，行业从业资格认证体系的建立，主题活动月，警示说明 ▪ 帮助重建家园，提供医疗资助，捐赠设备和供应品，提供专家意见
关注一致性	15. 一致：确保一个组织的目标、实践、结果和资源都服务于相同的愿景和任务，而不出现冲突，使得组织形成协同的合力	▪ 建立跨职能的团队，干预措施设计与目标的一致性的检核测试

1. 关注信息类

前三个“干预措施家族”是关于信息的，它们是干预措施中最重要的部分，原因在于以下四个方面。

- 它们自身是有价值的。
- 在很多情况下，它们是改善绩效所需要的唯一条件。
- 即使不是全部，它们也能支持绝大多数的干预措施。
- 当它们得不到有效落实或被忽略时，可能会影响其他干预措施的效果，甚至导致干预失败。

2. 关注结果类

- 与关注信息类干预措施相似，这些干预措施也是共同起作用的。
- 在关注信息类干预措施实现其目标之前，这些干预措施的执行效果不会很理想。
- 关注结果类干预措施还需要具备简化事情的技能，以及定义和评估绩效的专业性知识。

3. 关注设计类

- 设计具体包括人员关系的设计、工作的设计和物理设计。
- 关注设计类干预措施也需要在关注信息类干预措施之后实施或者与其一起实施才有效。
- 在实施这些干预措施的过程中，你可能需要与工程师和室内设计师等专家合作，但是你在工作和任务分析及列出的绩效改进清单中表现出的专业性是极其有价值的，也是没有人可以取代的。
- 在与其他专家合作的过程中，你简化问题的技能和引领团队保持专注的能力将会有一席用武之地。
- 拥有一定程度的外部地位将会很好地建立起其他专家对你的信任。

4. 关注能力类

- 这部分的干预措施与增强人们的才能和能力有关。
- 与关注结果类干预措施和关注设计类干预措施一样，关注能力类干预措施也是在关注信息类干预措施之后，或者与关注信息类干预措施同时执行。
- 需要人们有很好的人际交往技能，打破常规和保持关注的能力。
- 还需要有设计教学项目的专业技能。

5. 关注行动类

- 这种干预措施用来激励或促使他人采取行动。
- 关注行动类干预措施也需要在关注信息类干预措施之后或者与其同时执行。
- 实施这些干预措施需要执行者有很强的社交能力，他们要处事圆通，具有较强的说服力。
- 如果执行者了解如何使用小组压力、成员的内疚感、羞耻心以及其他一些心理诉求，那么会对干预措施的实施很有帮助。

6. 关注一致性类

- 这部分干预措施能帮助你确保一个组织的目标、实践活动、结果和资源都服务于具有相同愿景的任务。
- 有时候那些看似合适、走上了正轨或正常运转的措施可能会随着时间的流逝导致取得的结果不如预期那样好，甚至适得其反。
- 当公司发现这些措施太消耗资源，会转移成本或破坏其他举措的时候，管理层可能将其终止或放弃，从而造成投资的浪费。
- 原本用来促进人们开诚布公的干预措施却被用来惩罚人们的坦率。

二、六大类干预措施的作用：规划步骤

干预措施是有目的、有计划的行动，因而在实施过程中我们要对其细化，这样才能有效落地并产生变化和成果。六大类干预措施为细化干预措施提供了规划步骤指导（见表 4–2）。

表 4–2 规划步骤

干预措施	第一步	第二步	第三步	第四步
干预措施 1				

（续表）

干预措施	第一步	第二步	第三步	第四步
干预措施 2				
干预措施 3				
干预措施 4				

内容：各组针对一个干预措施列出完成它所需要的步骤。

方式：用卡片、报事贴，列完步骤后贴在小组海报墙上并拍照片发到群里。

时间：10 分钟。

本章小结

本章重要知识点如图 4–1 所示。

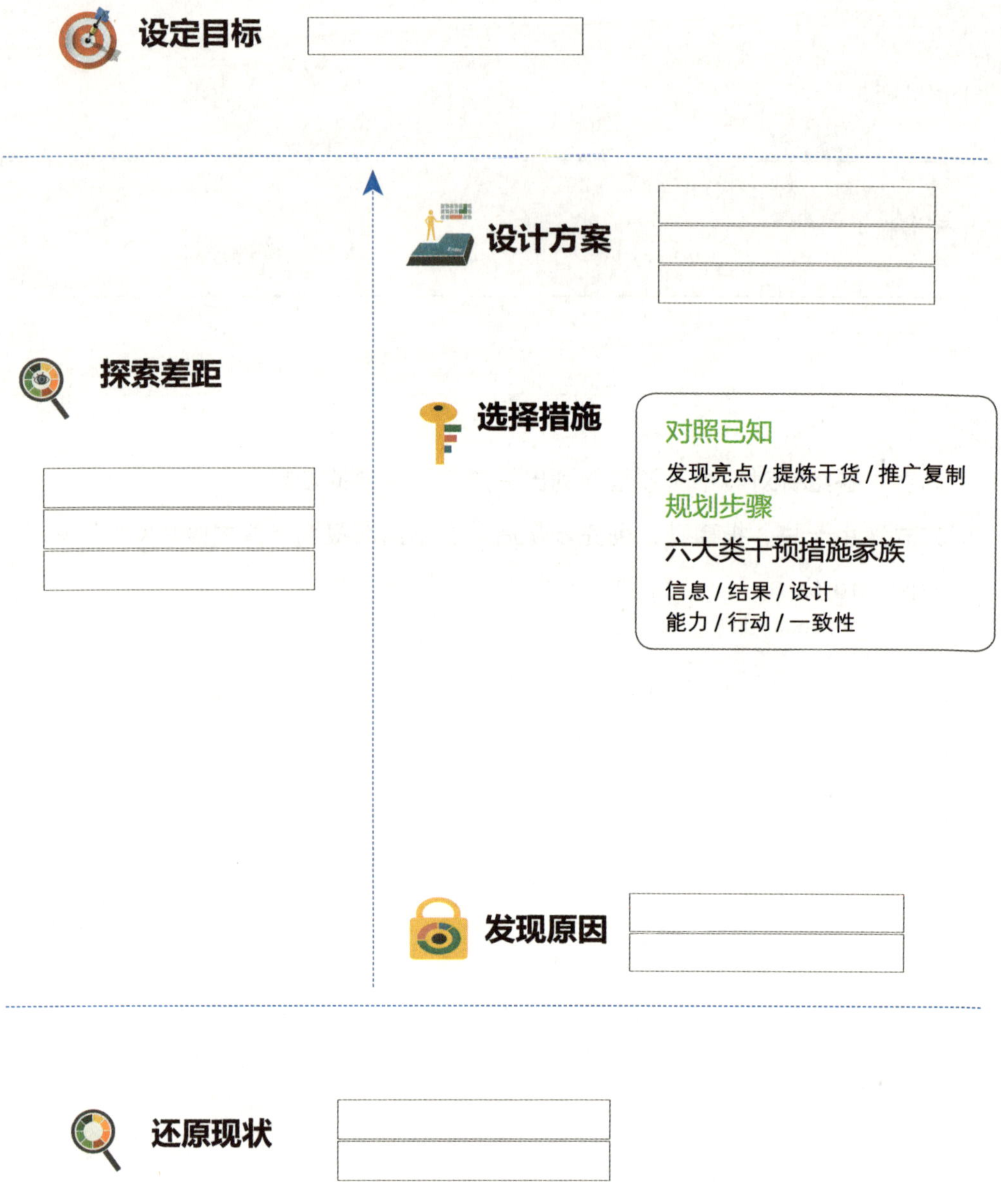

图 4–1　本章重要知识点回顾

写出你对本章的学习心得：

第五章

设计方案

我们通过各种方法将设计选择环节所确定的干预措施变成现实。

一切方案和计划都是空中楼阁……除非它切实可行。

——“沙漠风暴”行动总指挥

诺曼·施瓦茨科普夫（Norman Schwarzkopf）上将

一、干预方案设计的定义

干预方案设计是指对于确定的针对根本原因的多种干预措施进行综合协调，最终得出缩小组织绩效差距的整体性行动指南。

二、干预方案设计的内容

- 识别出多种干预措施并将其有机组合。
- 识别出先导测量指标。
- 识别项目中的里程碑。
- 草拟一份策略报告，说明你将如何部署和实施干预方案。
- 识别出方案实施中的支持性要素。

三、判断干预方案是否足够标准

- 目标受众（需要改变行为的员工）采纳了新的行为。
- 预示着成功或失败的过渡期结果。
- 各个里程碑的状态。
- 标志着需要适时纠正行为或庆功的要素。

第一节 确定目标受众

干预方案设计的目标受众包括在项目中所有行为必须发生变化的相关人（见图5–1和表5–1）。

图 5–1 目标受众

表 5–1 目标受众

序号	哪几类人	发生哪些变化	每类人的数量	需要多少预算
1				
2				
3				

写出小组课题的目标受众：

第二节　判断关键群体

一、关键群体识别与分类

关键群体是指在项目中能起到一定的推动或阻碍作用的群体。按照图 5–2 所示的二维矩阵分类，关键群体的具体描述如表 5–2 所示。

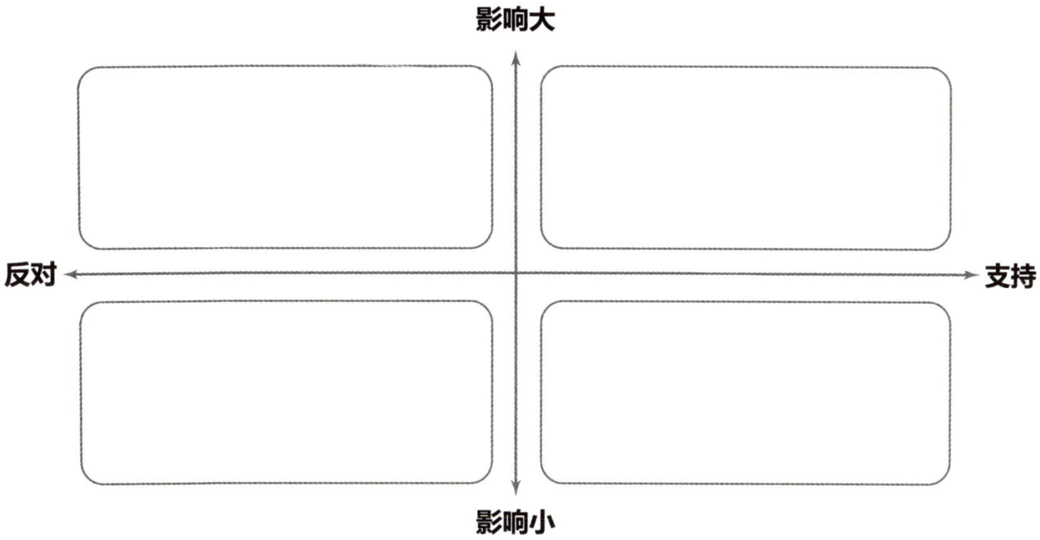

图 5–2　关键群体

表 5–2　关键群体

群体分类	支持者	抵制者
有影响力	游说，让他们参与设计并获得证据	识别他们的担忧并有效应对；根据具体情况，使用不同策略来增加他们的获得感
无影响力	涉及更多的人，使团队有影响	保持礼貌，确保他们的影响维持在低位

写出小组课题的关键群体和应对策略：

二、确定目标受众与关键群体指南

确定目标受众与关键群体指南可以帮助我们更好地理解目标受众和关键群体，并帮助你找出他们。

1. 确定目标受众

（1）制作一个表，列举出哪些人的行为需要通过一些方法来加以改变，例如：

a. 组织架构图

b. 地区

c. 工作角色

（2）识别出每个组有多少人 。

（3）识别出每个组需要完成多少工作（用百分比表示），或者每个组代表着多大的机会（用百分比表示），例如通过：

a. 销售额

b. 市场大小

c. 所服务的客户的数量

d. 开展工作的复杂度

e. 完成工作需要的技能水平

2. 识别关键群体

（4）识别出每个小组中，谁有最大的影响力。

（5）依据下面的原则对步骤（4）中的人员进行分类：

a. 抵制变革

b. 支持变革

（6）使用步骤（2）、（3）和（5）b 的答案来识别出关键群体：

a. 步骤（2）中的 51%

b. 步骤（3）中的 51%

c. 步骤（5）b 中的 51%

追踪并报告你识别出的这 51% 的人在多长时间内就采纳了新的行为建议。

在关键群体指南中，步骤（6）所识别出的人员就是变革中的关键群体。当然，仅仅识别出关键群体是远远不够的，对于不同倾向的关键群体，我们还应该采取不同的动作。例如，如果步骤（2）和步骤（3）中 51% 的人员抵制变革，那么我们就需要搞清楚他们为什么抵制，如何说服他们支持。如果他们对于变革的态度是支持的，那么我们就需要基于一定的激励措施鼓励他们的支持态度。同时，追踪并报告你识别出的这 51% 的人用多长时间达成了变革目标，以便用于宣传，并进一步说服其他人。

第三节　制定先导指标

先导指标（leading indicator）是经济学中的一个概念，是预测市场未来趋势的经济指标。在企业管理中，先导指标就是与公司的销售同方向变动，并且比公司的销售更早变动的其他指标。公司可以利用一个或若干个这样的先导指标来预测销售额。在绩效改进中，先导指标是在达到最终目标过程中的阶段性行为目标和行为结果，并对最终目标能否实现有一定预测作用。

与先导指标相对应的是滞后指标，这种指标是必须达到的指标，衡量的是成功与否。这两种指标的关联与区别见图 5–3。

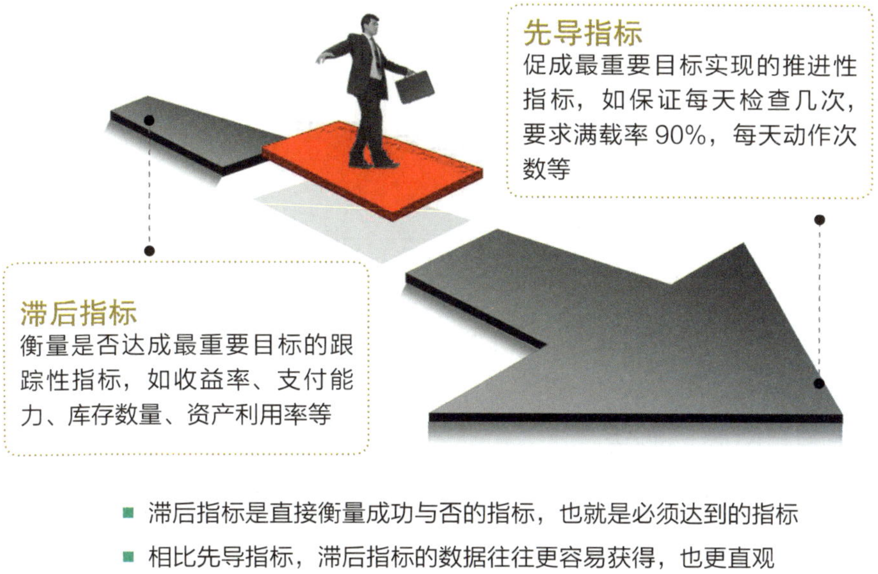

图 5–3　先导指标与滞后指标

只靠财务数据（滞后指标）去管理公司，就像单独依靠后视镜开车一样难以成功。

——威廉·爱德华兹·戴明（William Edwards Deming）

先导指标的三个要素：

1.________________ 2.________________ 3.________________

试着找一下小组课题的先导指标：

第四节　制定干预措施计划表

一、甘特图与风险控制表

为了推动干预措施的落地执行，你需要制定实施计划的甘特图（见表 5–3），同时在计划正式实施前针对实施中可能发生的风险制订解决方案（见表 5–4），保证干预措施按计划顺利完成，达成绩效改进目标。

表 5–3　实施计划甘特图

<table>
<tr><td>项目课题</td><td colspan="4"></td><td>现状值</td><td colspan="2"></td></tr>
<tr><td>目　标</td><td colspan="4"></td><td>目标值</td><td colspan="2">1</td></tr>
<tr><td>责任人</td><td></td><td>项目成员</td><td colspan="5"></td></tr>
<tr><td>序　号</td><td>里程碑 / 主要任务</td><td>行　动</td><td>衡量标准</td><td>相关资源</td><td>时间期限</td><td>负责人</td><td>完成情况</td></tr>
<tr><td rowspan="3">1</td><td rowspan="3"></td><td>1.1</td><td></td><td></td><td></td><td></td><td></td></tr>
<tr><td>1.2</td><td></td><td></td><td></td><td></td><td></td></tr>
<tr><td>1.3</td><td></td><td></td><td></td><td></td><td></td></tr>
<tr><td rowspan="3">2</td><td rowspan="3"></td><td>2.1</td><td></td><td></td><td></td><td></td><td></td></tr>
<tr><td>2.2</td><td></td><td></td><td></td><td></td><td></td></tr>
<tr><td>2.3</td><td></td><td></td><td></td><td></td><td></td></tr>
<tr><td rowspan="3">3</td><td rowspan="3"></td><td>3.1</td><td></td><td></td><td></td><td></td><td></td></tr>
<tr><td>3.2</td><td></td><td></td><td></td><td></td><td></td></tr>
<tr><td>3.3</td><td></td><td></td><td></td><td></td><td></td></tr>
</table>

表 5–4 风险控制表

存在的风险	风险等级		造成风险的原因	预防措施	应急方案及启动时点
	发生概率	严重等级			

二、工具：干预措施设计成功指南

目的：本绩效支持工具（见表 5–5）旨在使绩效干预措施设计人员密切关注结果。

说明：该工具不仅可以用于指导整个设计过程，还可以用于呈现和检验设计过程中各步骤实现的结果。基于具体现状，你可能会不需要或不能实现所有的结果，或许也可能需要增加结果。该工具仅仅只能给你提供初步指导。

注意：此处的“干预措施”不仅指绩效激励之类的单一干预措施形式，还包括工作再设计、绩效支持工具和激励等复合干预措施。

表 5–5 干预措施设计成功指南

干预措施设计步骤	结　果
1. 核实或明确现状	▪ 明确期望的结果 ▪ 明确所选干预措施 ▪ 绩效分析结果清晰、完整、明了 ▪ 分析阶段确定后，现状有所改变 ▪ 对组织、领导层和员工的假设明确 ▪ 其他

（续表）

干预措施设计步骤	结　果
2. 确认或明确干预的各要素或组成部分——战略、过程、活动及材料等	▪ 明确干预措施各要素 ▪ 如适用，确定依序或优先进行 ▪ 对各要素进行可行性评估 ▪ 其他
3. 设定总的绩效目标以及各要素的绩效目标	▪ 目标与期望结果一致 ▪ 目标应包括投入、过程、产出、条件、结果和反馈 ▪ 其他
4. 确认评估结果的标准或指标	▪ 建立各目标的标准或指标 ▪ 可用资源的标准或指标可行 ▪ 组织环境的标准或指标可行 ▪ 标准或指标与期望的绩效结果一致 ▪ 其他
5. 准备行动计划，重点包括如何开发、实施和评估干预措施	▪ 干预措施的开发、实施和评估人员 ▪ 开发、实施和评估的时间 ▪ 为实现各干预措施和要素的目标，需要开发的流程或购买的材料 ▪ 成功完成开发、实施和评估所需的资源 ▪ 开发、实施和评估方案包括参与者、时间、地点、内容、原因和方式 ▪ 方案实现期望结果 ▪ 其他
6. 建议是否购买、开发或定制干预措施要素	▪ 确定产品是否合适 ▪ 确定需要定制的产品 ▪ 内部开发可行性 ▪ 向外部供应商提出提案请求 ▪ 其他
7. 与领导层和员工沟通设计方案	▪ 沟通内容涉及理由、规格、行动方案和建议 ▪ 选择最恰当的沟通方法 ▪ 如合适，采取审查——修改——批准 ▪ 沟通需要承诺 ▪ 其他
8. 启动提案请求过程或内部开发阶段	▪ 开发阶段开始或者开发提案请求 ▪ 完成提案的审查——修改——批准 ▪ 与外部供应商开始建立开发或实施合作关系 ▪ 其他

本章小结

本章重要知识点如图 5–4 所示。

图 5–4　本章重要知识点回顾

写出你对本章的学习心得：

尾声

绩效改进“三级跳”

绩效目标差距有三级跳，绩效改进也有三级跳。绩效改进不强调立刻就实现天翻地覆的大变革，而是在正确的方向上持续积累，不断改进，迈向卓越。因此，我们要做的第一件事就是不增加现有资源，达到应有水平，实现现有资源的成效最大化，我们称这一级为GOOD；第二级，合理增加资源，达到绩优水平，即BETTER，很多时候没有资源，要想做到行业里的绩优是有难度的；最后就是持续改进，达到卓越水平，即BEST。

写下你的绩效改进“三级跳”计划：

参考书目

1. Thomas F. Gilbert，2007，*Human Competence: Engineering Worthy Performance*，John Wiley & Sons.

2. 刘美凤，方圆媛. 绩效改进. 北京：北京大学出版社. 2011.

3. [美]达琳·M. 提姆，[美]詹姆斯·L. 莫斯利，[美]琼·C. 迪辛格. 绩效改进基础（第三版）. 易虹，姚苏阳，译. 北京：中信出版集团. 2014.

4. 易虹，朱文浩. "技控"革命：从培训管理到绩效改进. 南京：江苏人民出版社. 2017.

5. [美]朱迪·赫尔. 绩效改进咨询实务手册（第二版）. 易虹，姚苏阳，译. 北京：中信出版集团. 2014.

6. [美]麦克切斯尼，[美]柯维，[美]霍林. 高效能人士的执行4原则. 张尧然，杨颖玥，译. 北京：中国青年出版社. 2013.

附 录

课后总结反思

O: 两天来，你学了哪些内容？

R: 你感到印象最深、最有价值的是什么？

I: 基于两天所学，你的收获与反思是什么？

D: 将今天的收获应用到工作中的一个具体行动是什么？

ORID 总结方法：O—客观性（Objective），R—反映性（Reflective），I—诠释性（Interpretive），D—决定性（Decisional）。

阅读文章

1. 马克都向谁寻求帮助？这些人是怎么帮助他的？
2. 虽然这些人帮助马克的方法都不一样，但是有一个共同的特点，这个特点是什么？
3. 最后马克意识到了什么？

为何需要绩效改进顾问

为了提高组织的绩效，企业的管理者时常会向绩效改进顾问寻求帮助。但是，他们可能并不清楚绩效改进顾问的个人能力和他们在工作中的个人偏好。下面的小故事有助于我们理解这一点。

工作笔记：解决方案

一家大型的美国企业聘用了马克，让他负责挤压金属（这种金属可用来制作窗框、百叶窗挡板、建筑中的工字梁或挡风雪的板门）的生产和分销。公司的主厂房在中西部，第二大工厂在东海岸，在新加坡筹建的一个新厂也将会在6个月内竣工。

在过去的两年中，中西部的主厂房所占的市场份额有所流失，大部分商品不能按时交货，销售人员的流失率也非常高；东海岸的工厂收益也只是达到财务目标而已。高管层告诉马克，他们担心客户抱怨产品质量和无法如期交货的情况日益严重，希望马克帮助解决这些问题。

马克决定向营销咨询师寻求帮助。营销咨询师建议更换产品形象，设计并启用新的产品商标，实施新的产品销售策略。马克认为施行一套新的销售策略固然可以提高业绩，但是花费的时间太长。为了能够更快地看到成效，他又征询销售咨询师的建议。销售咨询师告诉他，可以通过举行销售竞赛、改革奖金制度或采取激励措施等方法促进销售目标的实现。同时，公司总部的一位高级副总裁建议马克参考管理咨询师的建议，即围绕公司重要客户群（大宗购买者、机构购买者和分销商）的需求进行业务重组。而马克对他之前就职公司的质量监管部门的成功实例印象深刻，因此，他决定会见一下质量咨询师。质量咨询师提出了三条重要的建议：建立跨职能团队；从接受订单到成品交货，确立每个团队的整体责任意识；通过科学统计的方法来控制产品加工和销售的每个过程。

美国的销售经理建议聘用一名组织发展咨询师与管理团队合作，为马克所在的部门规划出新的愿景和任务，并促进团队内部人员的交流。中西部工厂的经理则建议他们聘用一名培训师来提高销售和生产部门员工的业务能力。

马克得知公司的建筑事务所在为整个公司做战略规划。该事务所因其基于工业原理的灵巧设计而闻名，因此，战略规划中一个令人期待的成果就是为工厂设计出一种新的厂房模型。一名人力资源咨询师建议找出销售人员流失的原因，开展一个具有针对性的员工选拔项目，并对员工士气进行调查。

在前往新加坡工厂的航班上，马克阅读了因企业重组而成功的案例，他对通过使用精细信息加工系统来缩短产品周期的方法感触颇深。在航班返回美国的过程中，他读到了另外一篇关于绩效改进咨询的文章。这时他忽然意识到，虽然之前考虑到的所有方法都有可取之处，咨询师们也都提供了解决方法，但是没有人分析导致公司绩效低下的原因——却都认为自己知道问题出在哪里。

马克的经历并非特例。公司由于急于寻求解决方案而在没有找到问题根源的情况下就按照专家的建议行事，这在企业界非常常见。然而，管理者慢慢就会知道，只有采取以事实为依据、对症下药的解决方法，才能真正提高绩效。企业变革必须权衡其优点与不足之处。管理者对这种观点的认可恰巧为培训、人力资源开发及其他相关领域的专业人员提供了机会，这些人员得以采用他们的方法来诊断绩效问题，选择合适的干预措施或评估干预结果的重要价值。同时，培训、人力资源开发、质量监管及组织发展部门的专业人员希望其角色能转变成为绩效改进咨询人员，即绩效改进顾问。绩效改进顾问可以与管理层合作，应用专门的方法找出阻碍绩效的真正原因。绩效改进顾问这个角色受到了全美绩效与教学协会的认可。这一协会后来更名为国际绩效改进协会，这反映了世界对绩效改进的重视。2001 年，国际绩效改进协会出版了《人类绩效技术标准》。该标准对绩效改进顾问这一角色进行了定义，并允许他们进行职业水平评估，以达到该标准。如今，国际绩效改进协会为那些能够在工作中表明自己符合该标准的绩效改进咨询人员颁发证书，即 CPT。国际绩效改进协会的一系列会议、机构、出版物或证书都是为了促进人们对提高组织及其员工的绩效所需的知识和技能的共同理解与关注。

阅读文章

1. 奥巴马 2012 年竞选成功的原因及与 2008 年竞选成功有哪些不同？
2. 竞选的组织目标和流程目标可能是什么？
3. 在 2012 年竞选中，数据帮了奥巴马哪些忙？
4. 文章中有一个前置性指标的动作，在哪儿？

揭秘奥巴马成功竞选背后——数据挖掘团队成支柱

导语：社交网络与数据分析对奥巴马 2012 年成功竞选连任功不可没。美国《时代》杂志为此撰文，揭秘了数据挖掘在奥巴马的竞选中起到的重要作用。奥巴马竞选阵营的数据挖掘团队为竞选活动搜集、存储和分析了大量数据并将它们提供给竞选团队的高级助手。这些数据帮助竞选团队成功“策划”了多场活动，为奥巴马竞选筹集到 10 亿美元资金。

2012 年春天，奥巴马竞选阵营的数据挖掘团队注意到，影星乔治·克鲁尼（George Clooney）对美国西海岸 40 ~ 49 岁的女性具有非常大的吸引力。她们无疑是最有可能为了在好莱坞与克鲁尼和奥巴马共进晚餐而不惜自掏腰包的一个群体。

2011 至 2012 年，数据挖掘团队为奥巴马的连任竞选活动搜集、存储和分析了大量数据。同以往处理这些数据的做法一样，奥巴马竞选团队的高级助手决定再次听取该团队的意见。他们希望在东海岸找到一位对这个女性群体具有相同号召力的名人，从而复制“克鲁尼效应”的成功经验。克鲁尼在自家豪宅举办的筹款宴会上为奥巴马筹集到数百万美元的竞选资金。

奥巴马竞选团队的一位高级顾问说：“我们面临无数的选择，但最终定了莎拉·杰西卡·帕克（Sarah Jessica Parker，美国知名影星）。”于是，一场与奥巴马共进晚餐的“竞赛”开始了，那就是争夺在杰西卡·帕克的纽约豪宅中共享美餐的机会。对于普通民众而言，他们根本不知道这次活动的想法源于奥巴马数字挖掘团队对帕克粉丝研究的重大发现：这些粉丝喜欢竞赛、小型宴会和名人。但从总统大选一开始，奥巴马竞选团队主管吉姆·梅西纳（Jim Messina）

便希望打造一个以数据驱动、完全不同于以前的竞选活动：政治是目标，但天分可能不再是实现政治抱负的手段。

梅西纳在成为竞选主管后说："我们会在此次竞选活动中认真衡量每一件事情。"他打造了一个规模五倍于奥巴马 2008 年竞选时的数据分析部门，让拉伊德·加尼（Rayid Ghani）出任芝加哥竞选团队总部的"首席科学家"，此人在数据挖掘领域的经验非常丰富。这个由几十人组成的数据挖掘团队的具体工作被严格保密。奥巴马竞选团队发言人本·拉波尔特（Ben LaBolt）在被问到数据挖掘团队的职责时说："他们是我们的核代码。"

在办公室里，该团队会给各个数据挖掘实验命名一个神秘代码，比如"独角鲸""追梦人"等。他们在远离竞选团队剩余工作人员的地方办公。这些"科学家"为身在白宫罗斯福厅的总统及其高级助手制作日常简报，而有关这个团队的更多细节是不会对外透露的，因为奥巴马竞选阵营牢牢固守着他们自认为比罗姆尼竞选阵营更有优势的领域：数据。

11 月 4 日，奥巴马竞选团队的多位高级顾问答应以匿名形式向《时代》杂志谈一谈他们的工作。他们的确披露了一些鲜为人知的故事，例如如何通过分析海量数据帮助奥巴马筹集到 10 亿美元资金，如何改变电视广告投放策略，以及如何制作出"摇摆州"选民的详细模型，等等。

如何筹资 10 亿美元

在 2008 年的竞选中，奥巴马团队对技术的应用赢得了不少赞扬，但其竞选的成功掩盖了一个巨大的弱点：过多的数据库。当时，通过奥巴马网站打电话的志愿者使用的名单与在竞选办公室打电话的人所用的名单是不一样的，而动员投票名单也从不会与资金筹集名单重合。这就好像"9·11"之前的 FBI（美国联邦调查局）和 CIA（中央情报局）——这两大机构从不会共享数据。

其中一位官员说："我们很早就意识到，民主党的问题是数据库太多，彼此之间从不沟通。"因此，在连任竞选的前 18 个月，奥巴马团队就创建了一个单一的庞大系统，可以将来自民意调查者、捐资者、现场工作人员、消费者数据库、社交媒体及"摇摆州"的主要民主党投票人的信息整合在一起。

这个整合后的巨大数据库不仅能告诉竞选团队如何发现选民并获得他们的

注意，还允许数据处理团队进行一些测试，以此来预测哪些类型的人有可能被某种特定的事情所说服。例如，在竞选办公室里的电话名单上，工作人员不仅仅列出了选民姓名和电话号码，还按照他们被说服的可能性和重要性进行了排序。在排序的决定性因素中，约 75% 是基本信息，如年龄、性别、种族、邻居和投票记录等。一位高级顾问称："我们可以预测哪些人会通过网络捐款，哪些人会汇款。我们还可以为志愿者建模——让我们的工作效率更高。"

例如，竞选团队早期就发现，在 2008 年大选中曾退订了竞选电子邮件的那部分人，是个人注意力最容易被重新吸引回来的人群。为此，战略家们为特定人群进行了相应的测试。例如，测试一个本地志愿者打来的电话的效果如何优于一个非"摇摆州"（如加州）志愿者打来的电话。正如竞选团队主管吉姆·梅西纳所说，在整个竞选中，没有数字做支撑的假设很少存在。

这个庞大的数据库还能让竞选团队筹集到比他们预期的更多的资金。截至 2012 年 8 月份，奥巴马团队里的每个人都认为他们达不到 10 亿美元的筹资目标。其中一位高级官员称："我们曾经反对过，因为连 9 亿美元的目标都不能接受。"但另一位官员称："结果到了夏天，互联网效应爆发了。"

在通过网络筹集到的资金中，很大一部分是通过电子邮件营销而来的。因此，数据收集与分析至关重要。发送给支持者的邮件很多只是测试，它们采用了不同的主题、发送人与内容。到了春天，米歇尔·奥巴马（Michelle Obama）的电子邮件表现得最好。有时，梅西纳的邮件表现得比副总统拜登（Joe Biden）的邮件都要好。很多时候，募集资金最多的人能比欠佳者多出 10 倍。

位于芝加哥的奥巴马竞选团队总部还发现，签署了"快速捐献"计划的人所捐献的资金是其他捐献者的 4 倍。因此，该计划后来被大力推广并给予捐资者更多激励——首次捐资可以得到一个免费的保险杆贴纸。到 10 月底，该计划已经成为竞选团队向支持者传递信息的重要部分。

竞选结果的预测

这种协助筹款的技术随后被用于预测投票结果。奥巴马的数据分析团队建立了 4 条投票数据流，以了解关键州选民的详细情况。一名官员表示，过去 1 个月中，仅在俄亥俄州，数据分析团队就获得了约 2.9 万人的投票倾向数据。这是一个包含 1% 选民的巨大样本，使他们可以准确了解每一类人群和每一个地区选民在任何时刻的态度。这带来了巨大的优势。当第一次电视辩论结束后，选民的投票倾向发生改变。而数据分析团队可以立即知道什么样的选民改变了态度，什么样的选民仍坚持原来的投票选择。

在 10 月份选情扑朔迷离的情况下，这一数据库确保了奥巴马竞选活动的稳定。通过数据，奥巴马竞选团队发现，大部分摇摆不定的俄亥俄州选民原本并非奥巴马的拥趸，而是罗姆尼的支持者。在 9 月份罗姆尼出现失误之后，这些选民的态度出现动摇。一名官员表示："我们比其他人更冷静。"每天晚间，投票倾向和选民数据被反复更新，以便考虑到不同情况。另一名高级官员则表示："我们每晚模拟 6.6 万次大选，并于次日上午获得结果，了解在这些州胜出的可能性，从而针对性地分配资源。"

奥巴马竞选团队还首次利用脸书（Facebook）进行大规模的投票动员，这模仿了现场组织者挨家挨户敲门的方式。在竞选活动的最后几周，下载某一款应用的用户收到了多条消息，其中包含他们在"摇摆州"好友的照片。他们被告知，可以通过点击按钮，呼吁这些目标选民采取行动，例如进行投票注册，更早去投票或以其他方式参与到投票中。奥巴马竞选团队发现，大约 1/5 收到脸书请求的选民做出了响应，这在很大程度上是因为请求来自他们熟悉的人。

数据还帮助奥巴马竞选团队进行广告购买决策。在选择广告投放渠道时，它们没有依靠外部媒体顾问，而是基于内部数据。一名官员表示："我们可以通过复杂的建模来找到目标选民。例如，如果迈阿密戴德郡的 35 岁以下女性是我们的目标，那么这里有覆盖她们的方式。"因此，奥巴马竞选团队在一些非传统节目中购买了广告，例如 4 月 23 日的电视剧《混乱之子》《行尸走肉》《23 号公寓的坏女孩》。以往，竞选广告通常出现在本地新闻节目中。在广告投放方面，奥巴马竞选团队 2012 年的表现比 2008 年好多少？芝加哥总部有这样的数据："在电视平台上，我们的购买效率提升了 14%，确保与能够被说服的选民保持交流。"

根据数据分析，奥巴马竞选团队在大选的最后阶段也采取了不同以往的方式。2012 年 8 月，奥巴马决定在社交新闻网站 Reddit 上回答问题，当时多名总统高级助理并不清楚此事。一名官员表示："我们为何将奥巴马放在 Reddit 上？

因为我们发现很大一部分目标选民在 Reddit 上浏览新闻。”

这种由数据驱动的决策方式在奥巴马成功连任的过程中发挥了重要作用，也将成为外界研究 2012 年美国大选的一个重要元素。这再次表明，那些依赖预感和经验的云集于华盛顿特区的竞选专家的地位正在迅速下降，他们正被善于利用大批量数据的数据分析专家和计算机程序员取代。正如一名官员所说：“人们坐在密室抽着雪茄，简单地说‘我们总买《60 分钟》广告’的时代已经结束。在政界，大数据时代已经到来。”

请写下你的学习心得：

绩效改进师

Performance Improvement Professional

绩效改进师既是绩效改进领域的专业人才，同时也是企业各级管理者能力提升的重要标志。绩效改进师统一按照初级、中级与高级的顺序进行系统地培养、考核和管理，代表中国绩效改进从业人员的专业水平。

为什么要成为绩效改进师

- 成为业务伙伴（BP）的必由之路：学习如何帮助业务活动并提升绩效的方法和工具，使业务深度对话变得轻松。
- 轻松的背后是绩效改进领域里规范、系统的学习体系，国际化、专业化的操作流程和工具，以及严格的、规范的审核标准。同时，在学习的过程中，还能得到业内资深专家的辅导与帮助。
- 绩效改进师认证体系对接国际绩效改进领域权威的 CPT 认证体系，并已经得到国内大型企业和业内专家的广泛认同。
- 管理者必须是绩效改进师。

分级：根据能力标准的不同分为 3 个等级

分级等级	知识层面	实践层面	胜任职位	考试形式
初级	理解绩效改进的基本原理、流程、方法和工具	完整或者部分参与了一个有关绩效改进的项目	绩效改进项目的参与顾问、协调员	全国线上统一考试
中级	能够运用绩效改进的基本原理、流程、方法和工具实施绩效改进项目	做过一个相对完整的绩效改进项目，并使用干预措施	组织或主持绩效改进项目的项目经理或顾问	全国线上统一答辩
高级	能熟练运用绩效改进的基本原理、流程、方法和工具等实施绩效改进项目	做过三个及以上完整的、经过验证的绩效改进项目，能辅导并评估绩效改进项目	资深绩效咨询顾问［达到国际绩效改进协会（ISPI）的 CPT 标准］	直接向国际绩效改进协会提出申请 CPT

绩效改进师（初级）流程

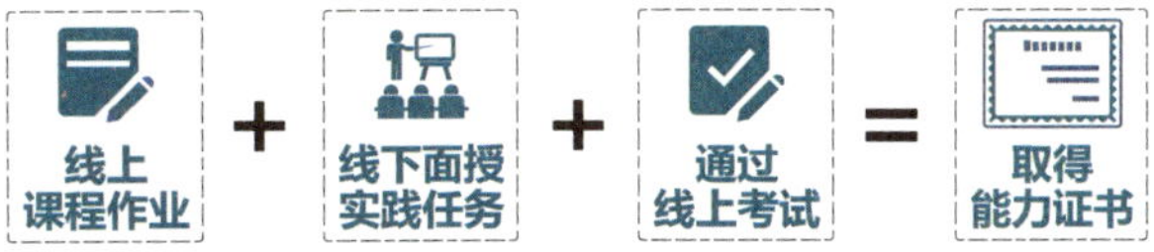

华商基业管理咨询有限公司

SinoTrac Consulting Co. ,LTD.

华商基业是一家专业的管理咨询和培训公司，致力于通过绩效改进技术帮助中国企业完成业绩指标，提升流程效率，突破发展瓶颈并实现管理升级。华商基业于2005年成立，总部位于北京，拥有北京、深圳、上海、大连、成都、重庆、杭州、西安、广州、厦门和美国11家分公司，及多家合作渠道，业务范围覆盖全国。

华商基业是国际绩效改进协会（ISPI）的中国战略合作伙伴，同时也是该协会的中国区主席单位、培训杂志常务理事单位、绩效改进论坛的发起单位以及绩效改进专业奖项的设立单位。华商基业专注于专业领域的研究与实务，至今撰写或翻译了11本相关领域的专业图书，拥有35名专业讲师和顾问，其中包括7名国际注册绩效改进顾问（CPT），是国内CPT最多的培训咨询公司。

华商基业的企业使命是致力于成为全球领先的企业增长解决方案提供商。秉持服务中国企业、赢得世界尊重的使命，华商基业迄今服务过上千家客户，其中有219个项目获得“绩效改进最佳实践奖”，20个项目获得“国际杰出绩效干预奖”。从央企到全球500强企业，华商基业与客户结成长期、全面的战略伙伴关系。尤其在互联网、能源、通信、金融、IT（信息技术）领域的精耕细作，更是赢得了客户的信任和尊重。

能力认证

绩效改进师

国际注册绩效改进顾问（CPT）

结构性思维讲师认证

品牌版权课程

绩效改进

技控密码

任务推进

课程开发2.0

微课开发

经验萃取

TTT

PI90

结构性思维

系统思维解决问题

荣耀时刻

关键人才加速培养（KTA）

专业书籍

撰写和翻译了12本专业图书

国际合作

- 国际绩效改进协会（ISPI）的中国战略合作伙伴，是该协会中国区（ISPI-China）主席会员单位。
- 华商基业获得 ISPI 颁发的“国际绩效改进标准项目认证”，以此表明华商基业在这一领域的所有产品和服务均符合绩效改进十大标准，这在中国甚至整个亚洲是唯一的殊荣。
- 邀请国际专业人士来国内分享、交流并应邀到国际绩效改进协会的年会上分享中国绩效改进的最佳实践。
- 选送中国的杰出绩效改进实践案例参加国际评奖，2013—2018 年招商银行、中国电信、国家电网、诺和诺德、TCL、赛诺菲、中信信用卡获得了 20 次 ISPI 国际杰出人类绩效干预奖。

专业研究和出版

- 筛选核心的、前沿的国际绩效改进专业图书进行翻译并在中国出版发行，目前已经翻译的有《绩效改进基础》（第三版）、《绩效改进咨询实务手册》（第二版）、《绩效咨询》（第三版）、《绩效构建》、《学习的商业逻辑》和《绩效伙伴》。
- 出版和发行本土原创的绩效改进专业图书《从培训管理到绩效改进》和《“技控”革命》，并在专业期刊上撰写和发表了大量专业文章。
- 出版和发行自主研发的专业图书《结构性思维》《荣耀时刻》《微课：快学快用快设计》。
- 将中国绩效改进最佳实践案例在海外推广出版。

企业推广和实践

- 数百家企业的绩效改进工作坊和辅导项目实施。
- 数千家企业的绩效改进讲座和课程学习。
- 绩效改进的思想已经影响了数百万人，并推动绩效改进成为企业咨询和培训发展的主流趋势。

华商基业主要产品和服务

华商基业绩效改进

- 绩效改进师认证（初级、中级、高级）
- 企业内部绩效改进师培养工作坊（2 天）
- 企业绩效改进内训工作坊（2 天）
- 企业内部绩效改进 2.0 项目（工作坊 + 辅导）（2+2+1+1）

《技控密码》系列产品——小技控，大应用，低投入，高产出

- 技控是企业做绩效改进的第一步，能够帮助企业内部快速理解绩效改进的核心理念，逐步形成技控文化，统一管理语言。
- 技控密码系列产品具备形式多、导入易、成果多、周期短、参与广和影响大的优势，适合企业多层级人员学习。

华商基业版权课

华商基业版权课主要提供三种类型的服务供客户选择，分别是标准课内训服务、定制化案例开发服务以及版权转移与内训师认证服务。

结构性思维——想清楚，说明白

- 被验证过的好产品，获得中华人民共和国国家版权局的认证。
- 中信出版集团出版同名图书，销量突破 5 万册，并在海外翻译出版。
- 客户最认可的课程，评估分数经常满分，14 年的不断打磨，持续精进。

任务推进——走出事务迷宫，持续提升绩效

- 基于沃特 · A. 休哈特（Walter A. Schewhart）的行动循环理论［PDS（plan-do-see, 计划—执行—检查）］，结合心理学“沉浸理论”。
- 从任务布置、执行控制、检查提高三大步骤来进行。
- 解决一线管理者面临的任务完成和推进问题。

系统思维解决问题——抽“思”剥“简”

- 行动学习、群策群力、六西格玛背后的逻辑依据。
- 世界 500 强企业的全员必修课。

课程开发 2.0——人人都学得会的课程开发 2.0

- 将绩效改进的理论与课程开发经典的 ADDIE* 教育方法进行完美融合。
- 让企业开发的课程真正以绩效结果为导向。
- 直接成果产出分别是 5 ~ 6 门精品课程、30 人的内部开发专家团队。

微课：快学快用快设计——By the 微

- "用微课教微课"，让学员在体验微课中学做微课。
- 传授微课开发标准、流程、工具和方法，展示多种微课案例，适应不同微课开发要求。
- 现场产出至少 15 门微课，帮助企业快速批量积累碎片化学习资源。

绩效导向的优秀经验萃取

- 3 阶 7 步让优秀经验学得会，做得到，能见效。
- 知其——锁定场景。
- 知其然——还原典范。
- 知其所以然——封装成品。

荣耀时刻——结构性演讲

- 完美解决上台演讲之前的所有问题。
- 你和演讲达人之间只差一张纸。
- 三篇构建，五式展开，内容简单清晰，呈现准确有力。

PI90 绩效改进系统

- 企业问题错综复杂，但拨云见日，归根结底，业绩增长不快是核心。超过 3/4 的世界 500 强企业一直使用 PI（绩效改进）的方法来提升业绩。50 多年来，PI 帮助波音、麦当劳、安利、微软等众多企业实现从优秀到卓越。
- 自 2010 年以来，优秀的中国企业开始使用 PI 来突破业绩瓶颈，其中包括招商银行、中国电信、联想集团、腾讯和百度等中国企业领航者。
- PI90 是华商基业以国际绩效改进协会（ISPI）的绩效改进模型为基础，吸收并参照跨国公司的经验，结合中国企业的实践开发的绩效改进咨询系统，旨在帮助企业 90 天内实现可测量的业绩增长。

---

* ADDIE 是指一套有系统地发展教学的方法。ADDIE 5 个字母分别表示 analysis（分析）、design（设计）、develop（开发）、implement（实施）和 evaluate（评价）。——编者注

尊贵客户

Valued Customers

通信与互联网

HUAWEI 中国移动 China Mobile 中国电信 CHINA TELECOM China unicom中国联通 阿里巴巴 Alibaba.com Tencent腾讯

Baidu百度 JD.COM京东 SF EXPRESS顺丰速运 網易 NetEase www.163.com SUNING苏宁 ByteDance字节跳动

mi 小米 360 美团网 meituan.com 滴滴出行 知乎 58同城 去哪儿? Qunar.Com 聪明你的旅行 爱奇艺

YOUKU优酷 饿了么 Lenovo 汽车之家 方正集团 Neusoft东软

vivo oppo 完美世界 PERFECT WORLD 汉王科技 HANWANG TECHNOLOGY 豆果网 douguo.com 一加手机

金融与投资

中国工商银行 中国建设银行 China Construction Bank 中国银行 BANK OF CHINA 交通银行 BANK OF COMMUNICATIONS 招商银行 中国民生银行 CHINA MINSHENG BANK

中信银行 CHINA CITIC BANK 浦发银行 SPD BANK 兴业银行 浙商银行 中国光大银行 CHINA EVERBRIGHT BANK 广发银行 bsb 包商银行

银联 中国银联 中国平安 PING AN 中国人寿保险公司 China Life Insurance Company PICC 友邦保险 MetLife 中美大都会人寿

中国太平 CHINA TAIPING 华夏保险 阳光保险集团 长城人寿 GREATWALL LIFE 天安人寿 TianAn Life 恒安标准人寿 Heng An Standard Life Union Life 合众人寿

幸福人寿保险股份有限公司 HAPPY LIFE INSURANCE CO., LTD. 捷信 HOME CREDIT 海通证券 招商证券 HUAXI SECURITIES 华西证券 金证股份

交通与地产

中国南方航空 CHINA SOUTHERN AIR CHINA 中国国际航空公司 中国东方航空 CHINA EASTERN 海南航空 Hainan Airlines 深圳航空 Shenzhen Airlines 首都机场

中国中铁 中国外运 SINOTRANS 绿城集团 GREENTOWN 万科 碧桂园 华润置地 招商蛇口

Longfor 龙湖地产 SHIMAO 世茂房地产 CFLD 华夏幸福 R&F 富力地产 R&F PROPERTIES 金地集团 Gemdale OCT 华侨城

SINO-OCEAN 远洋地产 路劲地产 RK Properties 华远地产 万达集团 WANDA GROUP 万通地产 时代地产 东方雨虹

汽车与工业

Mercedes-Benz 宝马 Audi SAIC 上汽集团 SAIC MOTOR 广汽 HONDA 东风日产

Ford 北汽新能源 BAIC BJEV 马自达 长安汽车 CHANGAN FOTON 福田汽车 宇通客车

LAND ROVER 车和家 CHJ Automotive BOE 京东方 Giti 佳通轮胎 大连供水 深圳燃气 shenzhen Gas

医疗与制药

Johnson & Johnson 强生　AstraZeneca　Pfizer　BAYER　中国医药集团　NOVARTIS　赛诺菲　novo nordisk 诺和诺德　博士伦 BAUSCH+LOMB　西安杨森 xian janssen

ZEISS 卡尔蔡司　天士力控股集团　TIENS 天狮集团　CSPC 石药集团　先声药业 Simcere　mindray 迈瑞　NU SKIN

化工与电力

SINOPEC 中国石化　中国石油　中国海洋石油总公司 CHINA NATIONAL OFFSHORE OIL CORP.　CHEMCHINA 中国化工　中国电建 POWERCHINA

国家电网公司 STATE GRID CORPORATION OF CHINA　SDIC 国投集团 SDIC GROUP　中国国电 CHINA GUODIAN　中国电力投资集团公司　中广核集团

零售与快消

Nestlé　可口可乐　伊利　蒙牛　JDB 加多宝集团　华彬快速消费品集团 REIGNWOOD FMCG GROUP

真功夫　五谷磨房　Canon　Midea　Haier　TCL　Hisense　GOME 国美电器

红星·美凯龙 MACALLINE　FOTILE 方太　KONKA 康佳　Joyoung 九阳　宝岛眼镜　HIGHLY 海立

贸易及其他

新希望六和 NEW HOPE LIUHE　国家电投 SPIC　Genertec　爱迪学校 AIDI SCHOOL　SINOSTEEL 中钢集团　SMG　M&G 晨光文具

（* 以上为部分客户，排名不分先后）

华商基业绩效改进著作

PUBLICATION

扩展阅读书籍

扫码购买→

绩效伙伴：让战略落地

作者：［美］英格丽·格拉 - 洛佩兹、卡伦·希克斯

译者：易虹、谭雄鹰、徐丽

概述：这本书致力于帮助学习与发展的专业人士建立可衡量的、能促进组织成功的合作伙伴关系，并提供实用的框架、流程、工具和技巧，以有效实现预期目标。

学习的商业逻辑：用设计思维驱动非凡商业价值

作者：［美］帕特里夏·普利亚姆·菲利普斯、杰克·菲利普斯

译者：易虹、付庆波、王志刚

概述：基于深厚的理论知识和丰富的实践经验，作者揭示了学习与人才发展领域面临的五大挑战，说明为什么要开展学习项目，并使高管人员信服学习是绝对必要的。

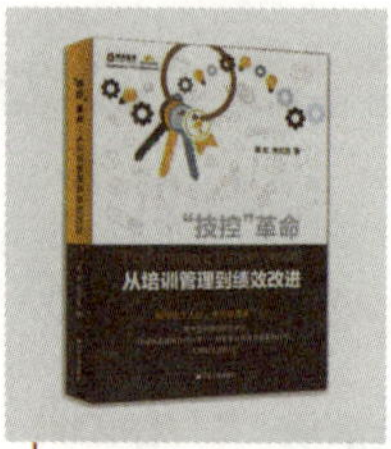

“技控”革命：从培训管理到绩效改进

作者：易虹、朱文浩

概述：华商基业在绩效改进领域里的第二本书，凝练了我们六年来在中国的绩效改进研究成果、实践萃取和创新精华，被誉为中国绩效改进的“圣经”。

绩效咨询（第 3 版）

作者：［美］达纳·盖恩斯·罗宾逊、杰克·菲利普斯、帕特里夏·普利亚姆·菲利普斯、迪克·韩肖

译者：易虹、张雪瓴

概述：书中围绕“GAPS”模型，教导人力资源工作者如何用有力的问题与业务展开对话，被誉为“人力资源业务伙伴必读之作”。

绩效构建：提升组织绩效的科学与艺术

作者：［美］罗杰·爱迪生、卡罗·海格、林恩·卡尼

译者：易虹、付庆波、熊洁

概述：绩效改进领域的 3 位专家经过两年时间，把 30 多位绩效改进专家和实践者的研究成果整合成一张完整的蓝图，被誉为绩效改进顾问与管理者必备书。

绩效改进咨询实务手册（第二版）

作者：［美］朱迪·赫尔

译者：易虹、王寰

概述：CPT 的创始人朱迪·赫尔的经典著作，提供了用于进行绩效改进咨询的系统方法与工具。

绩效改进基础（第三版）

作者：［美］达琳·M. 范·提姆、詹姆斯·L. 莫斯利、琼·C. 迪辛格

译者：易虹、姚苏阳

概述：被国际绩效改进领域专业人士称为绩效改进的“圣经”，不仅是专业性很强的工具书，而且提供了大量的绩效改进工具、方法以及绩效改进的最佳案例。

从培训管理到绩效改进

作者：易虹、朱文浩

概述：这本书是华商基业在绩效改进领域里的第一本书，引入了绩效改进的概念、模型、核心原则及实施步骤，并展示了绩效改进在中国的应用案例。

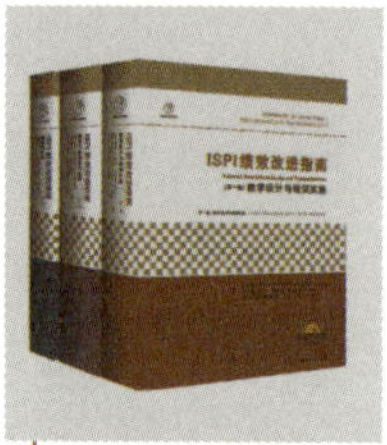

ISPI 绩效改进指南

作者：［美］瑞恩·沃特金斯、道格·利等

译者：易虹、邓晓芳、李家强、崔连斌、胡丽

概述：集绩效改进领域的最新研究成果之大成，对目前有关绩效改进的所有措施都进行了全面完整的介绍，并且用金字塔模型对所有措施都进行高度统合，形成有效实施绩效改进措施的完整科学体系。